Homilías/Homilies

Reflexiones sobre las Lecturas Dominicales
Reflections on the Sunday Readings

Ciclo/Cycle A
Tomo/Book 3

Deacon Frank Enderle
Diácono Francisco Enderle

ISBN 978-0-9987275-3-0
Enderle Publishing

Índice

Table of Contents

HOMILÍAS/HOMILIES

This book contains homilies in Spanish, with English translations, for Liturgical Year B. It was written for deacons and priests who prefer to read the homilies in book form instead of on the Internet. The difference between this bilingual book and others of the same genre is that these homilies were written first in Spanish and translated into English, not vice versa, as is done in other books. We hope that they will be useful not only for those who are native Spanish speakers but also for those who speak English but have to preach in Spanish.

You have permission to use any of the homilies in this book for your own reflection and meditation. You may use them, in whole or in part, to preach. You may not use them for commercial gain or as part of any literary work, whether that work will be published for sale or not, unless you have the express written permission of the copyright holder.

<u>*Dedicación/Dedication*</u>

Dedico este libro y toda la serie de libros Homilías/Homilies

a mi esposa Osane Miren Imanole Jiménez de Bentrosa de Enderle (Q.E.P.D.).

Sin su colaboración y su habilidad editorial nunca se hubiera escrito este libro.

Diácono Francisco Xavier Enderle Pérez

I dedicate this book and all of the books in the Homilías/Homilies series

to my wife Osane Miren Imanole Jimenez de Bentrosa Enderle (RIP).

Without her collaboration and editing skills this book would never have been written.

Deacon Francis Xavier Perez Enderle

Homilías/Homilies
Reflexiones sobre las Lecturas Dominicales
Reflections on the Sunday Readings
Ciclo/Cycle A
Tomo/Book 3

INTRODUCTION/INTRODUCCIÓN

En el año 2000, Monseñor Frank Friedl y Diácono Ed Macauley le pidieron al Diácono Francisco Enderle, que entonces era el Director Ejecutivo del Diaconado Permanente de la Arquidiócesis de Washington, que escribiese homilías en español para el sitio web, www.homiliesalive.com. Ya en el 2002, el Diácono Enderle, se había mudado a Harrisburg, Pensilvania después de dejar su puesto en la Arquidiócesis de Washington. En este mismo año empezó a publicar en su propio sitio de Internet, www.homilias.net, traducciones homilías en español con sus traducciones en español. En el año 2005, el diacono ya había escrito tres libros de pasta blanda de reflexiones sobre las lecturas de las misas dominicales – para los años litúrgicos A, B y C. Ese mismo año, el diacono termino tres pequeños libros de pasta blanda de reflexiones sobre las lecturas de Días de Precepto para los tres años litúrgicos. El libro que tiene usted en la mano en este momento es el segundo tomo de reflexiones sobre las lecturas de Ciclo B.

In the year 2000, Monsignor Francis Friedl and Deacon Ed Macauley asked Deacon Frank Enderle, who at that time was the Executive Director of the Permanent Diaconate in the Archdiocese of Washington, to write homilies in Spanish for their webpage, www.homiliesalive.com. By 2002, Deacon Enderle had moved to Harrisburg, Pennsylvania, had left his position with the Archdiocese of Washington. It was there that he began publishing Spanish homilies with translations in English on his own website www.homilies.net. This was one of the first websites in the United States to do so. By 2005, the deacon had written three paperback books of reflections for Sunday Masses – for liturgical years A, B and C. That same year he finished and published three smaller paperback books containing reflections for the readings on Holy Days of Obligation. The book you now have in your hands is the second book of reflections written for Cycle B.

Este libro contiene reflexiones en español, con sus traducciones al inglés. Fue escrito para los diáconos y sacerdotes que prefieren usar libros de papel con reflexiones para preparar sus homilías en vez de usar Internet para buscarlas. La diferencia entre este libro bilingüe y otros es que las homilías fueron escritas en español y traducidas al inglés y no al revés, como se suele hacer en otros libros. Esperamos que estos libros sean útiles tanto para los predicadores de habla Hispana como para los de habla inglesa que tienen que predicar en español.

This book contains Spanish homilies with English translations. It is published specifically for deacons and priests who prefer to read homily reflections in a paper book format rather than on the Internet. The difference between this bilingual book and others is that these homilies were originally written in Spanish and translated into English, not vice versa, as in other books. We hope that these books will be useful to native Spanish speakers who preach as well as to native English speakers who find they must preach in Spanish.

Primer Domingo de Adviento

Ciclo A Tomo 3

Lecturas: (L1) Isaías 2,1-5 (L2) Romanos 13,11-14 (Ev) Mateo 24, 37-44

Todos sabemos que es a través de la Iglesia Nuestro Señor Jesucristo continúa realizando su obra salvífica en nosotros. Todos los libros del Antiguo Testamento nos muestran cómo el Pueblo de Israel fue preparado durante siglos para la venida del Señor. Pero cuando Jesucristo, el Hijo de Dios, vino al mundo, no vino como un hombre rico y poderoso, lo hizo como un niño. Vivió una vida humilde y de extrema pobreza. Repudiado por el mismo pueblo que vino a salvar, fue juzgado, azotado, condenado a morir y ejecutado como un criminal. Su muerte en la Cruz tuvo todas las apariencias de un fracaso aunque, como todos sabemos, fue un gran triunfo.

Como hemos oído en el Evangelio hoy, Cristo, mientras era humillado ante la corte que lo condenó, se proclamó Rey y profetizó que volvería de nuevo a la tierra, a juzgar a vivos y muertos. Esta promesa que hizo Cristo sostuvo a los primeros cristianos hasta en las horas más difíciles cuando la persecución contra ellos se endurecía y amenazaba con destruir sus pequeñas comunidades. Pero por muy dura que fuera esta persecución, los primeros cristianos no olvidaron nunca que la victoria final sería de Cristo.

San Pablo, en la Segunda Lectura, nos dice, que ya es hora de despertar, que ya es hora de reorganizar nuestras vidas, que ya es hora de seguir a Cristo más de cerca. Sabemos que el mundo habrá de llegar a su fin. Y también sabemos que solamente Dios conoce el día y la hora. Pero no debemos preocuparnos tanto por cuando se va a acabar el mundo. Lo que debemos pensar es que, tarde o temprano, el mundo se acabará para nosotros porque vendrá nuestra propia muerte. El destino de todos es morir. San Pablo habla claro y les dice a los Romanos lo que nos diría hoy a nosotros: "Nuestra salvación está ahora más cerca que cuando comenzamos a tener fe: la noche avanza; esta cerca el día. Tomemos las armas de la luz. Como en pleno día andemos decentemente; así pues nada de banquetes con borracheras, nada de prostitución o de vicios, o de pleitos, o de envidias. Más bien revístanse de Cristo Jesús el Señor".

Todos los libros del Antiguo Testamento nos muestran cómo el Pueblo de Israel fue preparado durante siglos para la venida del Señor. Pero cuando Jesucristo, el Hijo de Dios, vino al mundo, no vino como un hombre rico y poderoso, lo hizo como un niño. Vivió una vida humilde y de extrema pobreza. Repudiado por el mismo pueblo que vino a salvar, fue juzgado, azotado, condenado a morir y ejecutado como un criminal. Su muerte en la Cruz tuvo todas las apariencias de un fracaso aunque, como todos sabemos, fue un gran triunfo. Pero no fue un triunfo solo para él, sino para todos los cristianos. Sabemos que cuando Nuestro Señor murió, venció a la muerte. De ese día en adelante todo el género humano tiene la posibilidad de entrar en el Reino de los Cielos y participar del banquete celestial en compañía de Dios y de nuestros seres queridos.

Queridos Hermanos y Hermanas en Cristo, nuestra preparación para el fin del mundo y para la segunda venida de Cristo debe comenzar ahora y debe ser positiva. Mientras aún estamos aquí en la tierra, hay tiempo para cambiar nuestras vidas. San Pablo nos dice que tenemos tiempo de pasar de las tinieblas del pecado a la luz de la vida nueva en Cristo. En vez de buscar señales y portentos, en vez de sentir miedo por el final del mundo, preparémonos a encontrar a Nuestro Señor en el momento de nuestra muerte. O sea, procurando vivir una vida santa y poniendo en nuestra vida como prioridad a Cristo Jesús. Si hacemos esto, cuando llegue nuestra hora de morir también nosotros podremos cantar Que alegría cuando me dijeron, vamos a la casa del Señor.

First Sunday of Advent
Cycle A Book 3
Readings: (R1) Isaiah 2:1-5 (R2) Romans 13:11-14 (Gos) Matthew 24:37-44

We all know that it is through the Church that our Lord Jesus Christ continues to carry out his saving work in us. All the books of the Old Testament show us how the People of Israel were prepared for centuries for the coming of the Lord. But when Jesus Christ, the Son of God, came into the world, he did not come as a rich and powerful man; he did it as a child. He lived a humble life of extreme poverty. Disowned by the same people he came to save, he was tried, flogged, sentenced to death, and executed as a criminal. His death on the Cross had all the appearances of failure, although, as we all know, it was a great triumph.

As we have heard in the Gospel today, Christ, while being humiliated before the court that condemned him, proclaimed himself King and prophesied that he would return to earth again, to judge the living and the dead. This promise that Christ made sustained the early Christians even in the most difficult hours when the persecution against them hardened and threatened to destroy their small communities. But as hard as this persecution was, the early Christians never forgot that the final victory would be Christ's.

Saint Paul, in the Second Reading, tells us that it is time to wake up, that it is time to reorganize our lives, that it is time to follow Christ more closely. We know that the world will come to an end. And we also know that only God knows the day and the hour. But we shouldn't worry so much about when the world is going to end. What we must think is that sooner or later the world will end for us because our own death will come. Everyone's destiny is to die. Saint Paul speaks clearly and tells the Romans what he would say to us today: "Our salvation is closer now than when we began to have faith: the night is advancing; the day is near Let us take up arms of light. As we walk decently in broad daylight; so no banquets with drunkenness, no prostitution or vices, or lawsuits, or envy. Rather, put on Christ Jesus the Lord. "

All the books of the Old Testament show us how the People of Israel were prepared for centuries for the coming of the Lord. But when Jesus Christ, the Son of God, came into the world, he did not come as a rich and powerful man; he did it as a child. He lived a humble life of extreme poverty. Disowned by the same people he came to save, he was tried, flogged, sentenced to death, and executed as a criminal. His death on the Cross had all the appearances of failure, although, as we all know, it was a great triumph. But it was not a triumph only for him, but for all Christians. We know that when Our Lord died, He overcame death. From that day on, all humankind has the possibility of entering the Kingdom of Heaven and participating in the heavenly banquet in the company of God and our loved ones.

Dear Brothers and Sisters in Christ, our preparation for the end of the world and for the second coming of Christ must begin now and must be positive. While we are still here on earth, there is time to change our lives. Saint Paul tells us that we have time to pass from the darkness of sin to the light of new life in Christ. Instead of looking for signs and wonders, instead of feeling fear for the end of the world, let us prepare to meet Our Lord at the moment of our death. In other words, trying to live a holy life and putting Christ Jesus as our priority. If we do this, when our time to die arrives we too will be able to sing "I rejoiced with those who said to me, 'Let us go to the house of the LORD'."

Segundo Domingo de Adviento

Ciclo A Tomo 3

Lecturas: (L1) Isaías 11:1-10 (L2) Romanos 15:4-9 (Ev) Mateo 3:1-12

Nuestra iglesia católica, a través de las lecturas de esta misa que estamos celebrando hoy, nos deja ver la necesidad tan grande que tenemos todos de seguir a Cristo. Juan el Bautista, primo de Jesús y fiel seguidor suyo, predica la conversión y el arrepentimiento. Y nos recuerda que nuestra vida debe ser recta si queremos acercarnos al Señor.

El profeta Isaías se refirió a Juan, cuando dijo: "Una voz clama: 'Preparen el camino del Señor en el desierto, construyan en el páramo una calzada para nuestro Dios'". Le llama el "mensajero de buenas nuevas". Y le insta a alzar la voz con alegría y sin temor para que todo el mundo sepa que Dios ha decidido morar entre su pueblo: "anuncia a los ciudadanos de Judá: 'Aquí está su Dios. Aquí llega el Señor, lleno de poder, el que con su brazo lo domina todo'".

En el Evangelio, vemos como San Juan Bautista comenzó a predicar en el desierto de Judea. Su mensaje era muy similar al de Cristo. Juan predica la destrucción de los falsos valores, una conversión total, y un cambio radical de la vida de los que quieren seguir al Mesías. Y predica, desde el comienzo de su apostolado, que hay otro más poderoso que él que viene a juzgar su pueblo.

Juan fue un hombre grande y también fue un gran predicador. Hasta el mismo Señor dijo de él:"Yo les digo que entre los hijos de mujer no hay ninguno más grande que Juan el Bautista". Sin embargo, Juan realizo su misión hasta dar su vida por Cristo. Pero no buscaba honores. Todo se lo dejaba para el Señor. Por eso, en su predicación Juan proclamaba, "después de mí viene uno que es más poderoso que yo, uno ante quien no merezco ni siquiera inclinarme para desatarle la correa de sus sandalias". Aprendamos la humildad de este gran hombre. Si meditamos la vida de Juan, nos enseñará mucho y nos mostrará el camino que debemos seguir para hacer un buen apostolado como lo hizo él.

Durante este tiempo litúrgico de Adviento, después de haber conocido por el Evangelio la figura de Juan el Bautista, nuestra misión debe ser volvernos al Señor. Nuestra meta debe ser alabar a Dios y tener absoluta confianza en Él.

La Iglesia, a través del año litúrgico, especialmente a través del tiempo del Adviento nos anuncia al Señor que viene. Nos lo proclama ya muy próximo. Seamos generosos esperando su venida.

Adviento es un tiempo de conversión, de ablandar nuestros corazones y seguir más de cerca a Cristo. Los cristianos estamos llamados a ir preparándonos en el camino recto que el Señor nos pide. Tenemos el compromiso de quitar de nuestra vida toda la maldad y todo lo que nos impida liberarnos del pecado.

Sigamos el ejemplo de San Juan Bautista. Él nos enseña, con su valentía y su vida ejemplar, que seguir a Dios es difícil pero que si lo intentamos Dios nos dará la gracia necesaria para hacerlo.

A través de toda la historia de la humanidad Dios nos ha hablado por medio de los profetas. Ha ido revelando, poco a poco, su plan divino: la salvación del género humano a través de la venida de Jesucristo. La Iglesia reactualiza la palabra divina para acercarnos a Cristo. Es verdaderamente importante que durante estas semanas de Adviento nos volvamos a Él para asegurarnos la salvación que Dios nos promete.

Second Sunday of Advent

Cycle A Book 3

Readings: (R1) Isaiah 11:1-10 (R2) Romans 15:4-9 (Gos) Matthew 3:1-12

Our Catholic Church, through the readings of this Mass that we are celebrating today, allows us to see the great need that we have to follow Christ. John the Baptist, Jesus' cousin and faithful follower, preaches conversion and repentance. And it reminds us that our life must be upright if we want to draw closer to the Lord.

The prophet Isaiah referred to John, when he said: "A voice cries: 'Prepare the way of the Lord in the desert, build in the moor a roadway for our God '". The prophet calls him the "messenger of good news." And he urges him to raise his voice with joy and without fear so that everyone knows that God has decided to dwell among his people. He announces to the citizens of Judah:" Here is your God. Here comes the Lord, full of power, who with his arm dominates everything."

In the Gospel, we see how Saint John the Baptist began to preach in the desert of Judea. His message was very similar to that of Christ. John preaches the destruction of false values, a total conversion, and a radical change in the lives of those who want to follow the Messiah. And he preaches, from the beginning of his apostolate, that there is another more powerful than himself who comes to judge his people.

John was a great man and he was also a great preacher. Even the Lord himself said of him: "I tell you that among the sons of women there is none greater than John the Baptist." However, John carried out his mission until he gave his life for Christ. But he was not seeking honors. Everything was left to the Lord. That is why, in his preaching, John proclaimed, "After me comes one who is more powerful than me, one before whom I do not deserve even to bow down to untie the strap of his sandals." Let us learn the humility of this great man. Juan's life will teach us a lot and will show us the path that we must follow to carry out a good apostolate as he did.

During this liturgical season of Advent, after having known the figure of John the Baptist through the Gospel, our mission should be to turn to the Lord. Our goal should be to praise God and have absolute trust in Him.

The Church, through the liturgical year, especially through the season of Advent announces to us the Lord who is coming. He proclaims it very close to us. Let us be generous waiting for his coming. Advent is a time of conversion, of softening our hearts and following Christ more closely. Christians are called to prepare ourselves in the straight path that the Lord asks of us. We are committed to removing from our lives all evil and everything that prevents us from freeing ourselves from sin.

Let us follow the example of Saint John the Baptist. She teaches us, with her courage and exemplary life that following God is difficult but that if we try God will give us the necessary grace to do so.

Throughout all of human history, God has spoken to us through the prophets. Little by little, he has revealed his divine plan: the salvation of mankind through the coming of Jesus Christ. The Church updates the divine word to draw us closer to Christ. It is truly important that during these weeks of Advent we turn to Him to ensure the salvation that God promises us.

Tercer Domingo de Adviento

Ciclo A Tomo 3

Lecturas: (L1) Isaías 35,1-6a.10 (L2) Santiago 5, 7-10 (Ev) Mateo 11, 2-11

El Salmo Responsorial que hemos escuchado reza: "Vendrán a Sión con cánticos: en cabeza, alegría perpetua; siguiéndolos, gozo y alegría. Pena y aflicción se alejarán" En realidad, el Adviento debe ser es tiempo de alegría y esperanza. La alegría para un cristiano es estar cerca de Dios y la tristeza es cuando se le pierde. Otra de las alegrías, para nosotros, debe ser llevar la alegría a los demás. El cristiano debe ser persona esencialmente alegre. Nuestra alegría es la alegría de Cristo que trae justicia y paz.

Por desgracia, hoy en día, en el mundo no vemos mucha alegría. La razón de esto es que estamos constantemente buscando la alegría que da el mundo. Y esa alegría es pobre y pasajera. Sin embargo, la persona que sigue a Jesucristo y se desprende de las cosas materiales siente otra clase de alegría. Es capaz de perdurar en medio de las dificultades, el dolor, la enfermedad o los fracasos. Sabe llevar las contrariedades y sabe ofrecérselas a Dios.

El mundo nos dice que la alegría consiste en dar y recibir regalos materiales a los demás. Nos dice que en cuanto más nos cuesta pagar por cada regalo, mas mostramos nuestro amor a los demás. .Sin embargo, Cristo nos dice que no hace falta tratar de dar regalos costosos. Lo que verdaderamente nos debemos hacer es rechazar esa idea y despreocuparnos de nosotros mismos. El no preocuparnos tanto de las cosas del mundo material nos hará conocer mejor a Cristo porque quien anda preocupado todo el tiempo de cosas difícilmente va a encontrar el gozo de sentir el amor de Dios y del prójimo.

El Evangelio nos manifiesta la venida y la presencia del Mesías entre nosotros. Ya no podemos dudar. Dios muy tan cerca de nosotros, si lo sabemos reconocer. Por eso decimos que vive entre nosotros. Y nos muestra su presencia por lo que él es: caridad y amor. El amor de Dios se dirige, sobre todos, a los necesitados y nos enseña que Cristo estará con nosotros si damos amor y buen ejemplo a nuestro alrededor, si ayudamos al prójimo y sabemos defender las injusticias.

El Apóstol Santiago, en la Segunda Lectura, nos habla de la virtud de la paciencia. Esta virtud está íntimamente unida da al amor. Todos los humanos necesitamos tener mucha paciencia. Santa Teresa de Ávila decía que nada debe turbarnos ni preocuparnos porque Dios siempre es igual y la paciencia todo lo puede. Necesitamos la paciencia para llevar bien el matrimonio, para criar bien a los hijos, y, sobre todo, para perseverar en la fe. La persona que no tiene paciencia enseguida quiere ver frutos inmediatos de su esfuerzo, incluso en la fe. Y si no los alcanza se aburre y la deja. La paciencia nos ayuda a llevar bien los problemas de la familia. Y esto no incluye solamente el cónyuge o los hijos. Unas familias son más grandes que otras y precisamente en las más extensas hay más problemas de convivencia. La paciencia nos ayuda a tener más comprensión y nos acerca más a la santidad.

La persona que no tiene paciencia consigue muy pocas cosas y, por lo tanto, se acaba convirtiendo en una persona triste. Y las personas tristes tienen muchas tentaciones. Los seres humanos tenemos la obligación de practicar siempre la paciencia. Son muchas las contrariedades que desaparecen cuando las tomamos con paciencia. Siempre tenemos que recordar que en la vida vamos a tener muchas dificultades como las han tenido todos los seres humanos desde Adán y Eva.

Procuremos, ahora que ya está llegando la Navidad, de mostrar nuestro amor al prójimo creando un ambiente de paz cristiana en nuestro entorno siendo paciente con los demás y, por supuesto, con nosotros mismos. El ser humano necesita muchas pruebas de que Cristo ha nacido. Y nosotros, con nuestro ejemplo, podemos dar pruebas muy convincentes con nuestra alegría de buenos cristianos.

Third Sunday of Advent

Cycle A Book 3

Readings: (R1) Isaiah 35:1-6a, 10 (R2) James 5:7-10 (Gos) Matthew 11:2-11

The Responsorial Psalm we have heard says: "They will come to Zion with songs: perpetual joy in the head; following them, joy and gladness. Sorrow and sorrow will fade away. "Actually, Advent should be a time of joy and hope. The joy for a Christian is to be close to God and sadness is when he is lost. Another of the joys, for us, must be to bring joy to others. The Christian must be an essentially happy person. Our joy is the joy of Christ who brings justice and peace.

Unfortunately, today, in the world we do not see much joy. The reason for this is that we are constantly seeking the joy that the world brings. And that joy is poor and temporary. However, the person who follows Jesus Christ and detaches himself from material things feels another kind of joy. He is able to endure amidst difficulties, pain, illness, or failure. He knows how to bear contradictions and he knows how to offer them to God.

The world tells us that happiness consists in giving and receiving material gifts to others. It tells us that as soon as we find it difficult to pay for each gift, the more we show our love to others. However, Christ tells us that there is no need to try to give expensive gifts. What we really must do is reject that idea and not worry about ourselves. Not worrying so much about the things of the material world will make us know Christ better because those who are worried all the time about things are hardly going to find the joy of feeling the love of God and neighbor.

The Gospel shows us the coming and the presence of the Messiah among us. We can no longer doubt that God is so close to us, if we know how to recognize it. That is why we say that he lives among us. And he shows us his presence for what he is: charity and love. The love of God is directed, above all, to those in need and teaches us that Christ will be with us if we give love and good example around us, if we help others and know how to defend injustices.

The Apostle Santiago, in the Second Reading, tells us about the virtue of patience. This virtue is intimately linked to love. All humans need to be very patient. Santa Teresa de Ávila said that nothing should disturb us or worry us because God is always the same and patience can do everything. We need patience to handle marriage well, to raise children well and, above all, to persevere in faith. The person who does not have patience immediately wants to see immediate fruits of their effort, even in faith. And if he doesn't reach them he gets bored and leaves her. Patience helps us to cope well with family problems. And this does not only include the spouse or children. Some families are larger than others and precisely in the largest there are more problems of coexistence. Patience helps us to have more understanding and brings us closer to holiness.

The person who has no patience achieves very few things and therefore ends up becoming a sad person. And sad people have many temptations. Human beings have an obligation to always practice patience. There are many setbacks that disappear when we take them with patience! We always have to remember that in life we are going to have many difficulties as all human beings have had since Adam and Eve.

Let us try, now that Christmas is coming, to show our love for our neighbor by creating an atmosphere of Christian peace in our environment by being patient with others and, of course, with ourselves. The human being needs many proofs that Christ has been born. And we, with our example, can give very convincing evidence with our joy as good Christians.

Cuarto Domingo de Adviento

Ciclo A Tomo 3

Lecturas: (L1) Isaías 7, 10-14 (L2) Romanos 1, 1-7 (Ev) Mateo 1, 18-24

Faltan pocos días para que veamos en los Belenes la figura del Niño Jesús. Al contemplarlo siempre nos acordamos que desde el pesebre de Belén hasta el momento de su ascensión a los cielos, Jesucristo nos dio un mensaje de esperanza. Durante su vida aquí entre nosotros, Jesucristo nos enseñó que la meta principal de estas fiestas que se aproximan no es gastar alocadamente para adquirir los bienes de esta vida sino alcanzar la felicidad suprema de la posesión eterna de Dios.

La Sagrada Familia, con su ejemplo, nos muestra que el desprendimiento en nuestras vidas es necesario para seguir a Jesús, para abrir nuestra alma al Señor. Por el contrario, apegarnos a las cosas terrenas cierra completamente las puertas al Señor. El nacimiento de Jesús, y toda su vida, nos enseña que tenemos que debemos meditar, especialmente durante estos días de Adviento, sobre qué actitud tiene nuestro corazón hacia las cosas materiales. Jesús vino al mundo en la pobreza. No eligió grandezas sino una aldea pequeña y poco importante en Belén. Su nacimiento fue completamente desposeído de todo. No tuvo más que un pesebre para su nacimiento y sucedió así a propósito, porque Él, siendo Dios, quiso conocer la extrema pobreza. Quería mostrarnos que para seguirle hay que vivir una vida sencilla, con sobriedad.

El Día de Navidad llega pronto. Pero para que podamos gozar plenamente de la presencia del Niño Dios, es necesario que primero lo dejemos entrar en nuestros corazones. De esta manera habrá alegría en nuestras vidas durante las fiestas navideñas. Pero no podremos disfrutar plenamente del verdadero sentido de Navidad, el Nacimiento de Nuestro Señor, si aún no nos hemos arrepentido de nuestros pecados. El adviento es el tiempo ideal para arreglar nuestras vidas, para el arrepentimiento. Es un tiempo para hacer una buena confesión y así recibir cada domingo a Jesús en el banquete eucarístico al que Él mismo nos invita. Da mucha tristeza ver cómo personas, por no arreglar sus vidas, no pueden participar de este don, que es el más grande que hay aquí en la tierra. Al recibir la Santa Comunión experimentamos el renacimiento de Nuestro Señor en nuestras vidas. El Cuerpo de Cristo, cuando lo recibimos en gracia, fortalece nuestras almas. Si a un cuerpo no se le da alimento, se debilita y se enferma. Esto mismo ocurre cuando al alma se le da el alimento que necesita para fortalecerla. Recibir a Jesús en la Comunión hace que nuestras vidas sean más alegres, más fecundas.

Si dejamos entrar a Cristo en nuestros corazones plenamente podremos vivir las navidades con abundancia de gracia. El verdadero sentido de Navidad no es lo que los anuncios que vemos en la televisión nos muestran. No consiste en adquirir cosas materiales, dar regalos caros, y pasar el tiempo comprando. La Navidad es reconocer que el amor de Dios por nosotros es tan grande que quiso venir al mundo en pobreza porque quería compartir nuestra vida cotidiana con nosotros. Quería quedarse entre nosotros para siempre. Por eso instituyó el Santísimo Sacramento, la Sagrada Eucaristía.

La Santísima Virgen nos enseña a alcanzar los medios necesarios para vivir una vida con honestidad y desprendimiento. Pidámosle a Nuestra Señora que nos enseñe a vivir estos días de Navidad, y todos los días del año, llenos de fe. Que sepamos compartir, ser caritativos, y que nos acerque cada día más a su Hijo, Jesucristo.

Los cristianos debemos vivir estas fiestas de Navidad muy juntos a la Virgen María si queremos llegar a lo único que verdaderamente importa en nuestra existencia: encontrar a Cristo en nuestra vida. Preparémonos bien para esta Navidad acompañando en estos días a nuestra Madre Amantísima, la Virgen María. Tratándola con más amor y más confianza. María, nos llevará a Cristo.

Fourth Sunday of Advent

Cycle A Book 3

Readings: (R1) Isaiah 7:10-14 (R2) Romans 1:1-7 (Gos) Matthew 1:18-24

In a few days we will see the figure of the Child Jesus in the Nativity scenes. As we contemplate it, we always remember that from the manger of Bethlehem until the moment of his ascension to heaven, Jesus Christ gave us a message of hope. During his life here among us, Jesus Christ taught us that the main goal of these coming feasts is not to spend wildly to acquire the goods of this life but to achieve the supreme happiness of the eternal possession of God.

The Holy Family, by its example, shows us that detachment in our lives is necessary to follow Jesus, to open our soul to the Lord. On the contrary, clinging to earthly things completely closes the doors to the Lord. The birth of Jesus, and all his life, teaches us that we must meditate, especially during these days of Advent, on what attitude our hearts have towards material things. Jesus came into the world in poverty. He chose not greatness but a small and unimportant village in Bethlehem. His birth was completely dispossessed of everything. He only had a manger for his birth and it happened that way on purpose, because He, being God, wanted to know extreme poverty. He wanted to show us that to follow him you have to live a simple life, with sobriety.

Christmas Day is coming soon. But in order for us to fully enjoy the presence of the Child God, we must first let him enter our hearts. In this way there will be joy in our lives during the Christmas holidays. But we will not be able to fully enjoy the true meaning of Christmas, the Birth of Our Lord, if we have not yet repented of our sins. Advent is the ideal time to fix our lives, for repentance. It is a time to make a good confession and thus receive Jesus every Sunday at the Eucharistic banquet to which he himself invites us. It is very sad to see how people, for not fixing their lives, cannot participate in this gift, which is the greatest one here on earth. Upon receiving Holy Communion we experience the rebirth of Our Lord in our lives. The Body of Christ, when we receive it in grace, strengthens our souls. If a body is not fed, it weakens and becomes ill. The same occurs when the soul is given the food it needs to strengthen it. Receiving Jesus in Communion makes our lives happier, more fruitful.

If we let Christ into our hearts fully we will be able to experience Christmas with an abundance of grace. The true meaning of Christmas is not what the commercials we see on television show us. It is not about acquiring material things, giving expensive gifts, and spending time shopping. Christmas is recognizing that God's love for us is so great that he wanted to come into the world in poverty because he wanted to share our daily life with us. He wanted to stay with us forever. That is why he instituted the Blessed Sacrament, the Holy Eucharist.

The Blessed Virgin teaches us to achieve the necessary means to live a life with honesty and detachment. Let us ask Our Lady to teach us to live these days of Christmas, and every day of the year, full of faith. That we know how to share, be charitable, and that we draw closer each day to her Son, Jesus Christ.

Christians should live these Christmas holidays very close to the Virgin Mary if we want to reach the only thing that truly matters in our existence: finding Christ in our life. Let's prepare well for this Christmas, accompanying these days our Loving Mother, the Virgin Mary; treating her with more love and more confidence. Mary, will lead us to Christ.

La Sagrada Familia

Ciclo A Tomo 3

Lecturas: (L1) Sirácides 3, 3-7. 14-17a (L2) Colosenses 3, 12-21 (Ev) Mateo2, 13-15. 19-23

Nuestro Señor quiso comenzar su tarea redentora en el seno de una familia sencilla. Quiso experimentar lo la realidad humana dentro del ambiente de en una familia. Al hacer esto, Jesús santificó, con su presencia, el hogar.

Al pensar en los hogares Cristianos, nos gusta imaginarlos alegres. Pero no todos los hogares son así. Estamos viviendo una crisis muy aguda de la familia en esta sociedad. Existen matrimonios sin compromiso sólido de responsabilidad y amor. Muchos de los conyugues son jóvenes. Se casan pensando más en las preparaciones para la boda y el convite que en la estabilidad futura de su matrimonio sin pensar que de esa forma juegan con su propia felicidad. Cuando surgen problemas en su matrimonio, piensan en el divorcio. Por eso hay tantos hogares rotos. La mayoría de las veces, el hombre tiene que repartir su sueldo en hogares dispersos. La mujer se enfrenta sola al sustento de la casa y sus hijos porque aquel hombre al que amó ya no está presente. Los hijos padecen muchos problemas que no son normales. A veces, no saben si la culpa de que se han separado la madre y el padre es por algo que han hecho ellos o no. Y, a veces, esto les hace sentir resentimiento y odio contra todo.

A pesar de todo, la institución del matrimonio sigue siendo vigente aunque muchas parejas piensan que está fuera de onda. Hay que decir también que tampoco ha pasado de moda el que los niños en los hogares tengan cariño, que tengan unos padres responsables y un hogar feliz. Bajo la amenaza de un mundo que parece ser hostil al matrimonio estable, nosotros tenemos la obligación de defender la familia formando una familia amorosa, con fe y estabilidad. No se puede hablar del matrimonio sin pensar, a la vez, en la familia, que es el fruto y la continuación de lo que con el matrimonio se inicia.

La paternidad y la maternidad no terminan con el nacimiento de los hijos. La facultad de engendrar es una participación en el poder de Dios que no termina al nacer el niño o niña. En la familia cristiana el nacimiento es solo el comienzo de la formación de auténticos hombres y mujeres cristianos. Los padres de familia son los principales educadores de sus hijos. La responsabilidad de esta misión exige de ellos comprensión, entrega, saber enseñar, y, sobre todo, saber amar. También requiere poner empeño en dar buen ejemplo. Si tuviera que dar un consejo a los padres de familia aquí reunidos, les diría, sobre todo, que prediquen con el ejemplo, que vivan de acuerdo con la fe y enseñen a sus hijos que Dios no está solo en sus labios, que donde está es en sus obras.

Además de la fe y la esperanza, el amor puro y limpio de los esposos es una realidad santa bendecida por el Señor. Dentro del matrimonio, el amor nos debe llevar a compartir las alegrías y los posibles sinsabores de la vida. Nos debe enseñar a olvidarnos de las nuestras preocupaciones para atender a los demás; a escuchar al otro cónyuge yo a los hijos mostrándoles que de verdad se les quiere y comprende. El amor nos ayuda a pasar por alto los pequeños desacuerdos sin importancia que el egoísmo puede convertir en montañas. La meta del matrimonio debe ser mostrar un gran amor tanto en las pequeñas como en las serias situaciones de que está compuesta la convivencia diaria.

El Evangelio que hemos escuchado hoy nos muestra que la tarea más importante de los miembros de una familia es crear un ambiente estable dentro del hogar. Y para eso son importantes la fe, la esperanza y el amor. Estas tres virtudes son la base de todo buen matrimonio y familia y se deben manifestar primero en el sosiego con que se enfocan los problemas, pequeños o grandes, que en todos los hogares suceden. Y, desde luego, en el diálogo sereno, que es necesario para que las cosas vayan bien en el hogar. Hermanas y hermanos en Cristo, oremos hoy y siempre, para que la Sagrada Familia, joya de la humanidad, sea siempre ejemplo de todo lo bueno que hay en nuestras familias.

Holy Family

Cycle A Book 3

Readings: (R1) Sirach 3:3-7, 14-17a (R2) Colossians 3:12-2 (Gos) Matthew 2:13-15, 19-23

Our Lord wanted to begin his redemptive task in the bosom of a simple family. He wanted to experience human reality within the environment of a family. By doing this, Jesus sanctified the home with his presence.

When thinking of Christian homes, we like to imagine them joyful. But not all homes are like this. We are experiencing a very acute family crisis in this society. Marriages exist without solid commitment of responsibility and love. Many of the spouses are young. They marry thinking more about the preparations for the wedding and the treat than in the future stability of their marriage without thinking that in this way they play with their own happiness. When problems arise in their marriage, they think of divorce. This is why there are so many broken homes. Most of the time, the man has to distribute his salary in dispersed homes. The woman faces the sustenance of the house and her children alone because the man she loved is no longer present. Children have many problems that are not normal. Sometimes they don't know if the fault that the mother and father have separated is because of something they have done or not. And sometimes this makes them resent and hate everything.

Despite everything, the institution of marriage is still in force although many couples think it is out of fashion. It must also be said that it is not out of fashion for children at home to have affection, to have responsible parents and a happy home. Under the threat of a world that seems to be hostile to stable marriage, we have the obligation to defend the family by forming a loving family, with faith and stability. You cannot talk about marriage without thinking, at the same time, about the family, which is the fruit and the continuation of what begins with marriage.

Fatherhood and motherhood do not end with the birth of children. The faculty of begetting is a participation in the power of God that does not end when the boy or girl is born. In the Christian family, birth is only the beginning of the formation of authentic Christian men and women. Parents are the primary educators of their children. Responsibility for this mission requires understanding, dedication, knowing how to teach and, above all, knowing how to love. It also requires an effort to set a good example. If I had to give advice to the parents gathered here, I would tell them, above all, to lead by example, live according to the faith and teach their children that God is not alone on their lips, that where he is it is in his works. In addition to faith and hope, the pure and clean love of spouses is a holy reality blessed by the Lord.

Within marriage, love should lead us to share the joys and possible troubles of life. It should teach us to forget about our worries to care for others; to listen to the other spouse and / or to the children, showing them that they are truly loved and understood. Love helps us to overlook the small unimportant disagreements that selfishness can turn into mountains. The goal of marriage should be to show great love in both small and serious situations of daily living.

The Gospel that we have heard today shows us that the most important task of the members of a family is to create a stable environment within the home. And for that faith, hope and love are important. These three virtues are the basis of every good marriage and family and must first be manifested in the calmness with which they approach the problems, small or large, that occur in every home. And, of course, in serene dialogue, which is necessary for things to go well at home. Sisters and brothers in Christ let us pray today and always, so that the Holy Family, jewel of humanity, may always be an example of all the good that is in our families.

La Epifanía del Señor Jesucristo

Ciclo A Tomo3
Lecturas: (L1) Isaías 60, 1-6 (L2) Efesios 3, 2-3. 5-6 (Ev) Mateo 2, 1-12

La Iglesia celebra hoy, La Fiesta de la Epifanía del Señor, como el día en que Jesús se manifestó al mundo entero. La palabra Epifanía viene del Griego y significa manifestación o revelación. En nuestros países, quizá conocemos más esta fiesta como el Día de los Reyes Magos o de los Tres Reyes.

Esta gran fiesta nos debe animarnos a querer compartir las esperanzas de nuestra propia parroquia y a orar por ella y por sus diáconos y sacerdotes. Pero también debe alentarnos a orar por todas las comunidades Católicas alrededor del mundo para que más cristianos se incorporen a ellas y las hagan crecer en la fe y en el amor.

La Epifanía nos debe recordar que tenemos que hacer todo lo que esté a nuestro alcance para que las personas que estén un poco perdidas en la fe, bien sean familiares o amigos, se acerquen a Jesús, enseñándoles con nuestras buenas maneras a formar una iglesia unida con gran formación espiritual.

En Belén nació el Niño Jesús en un establo entre los más pobres de los pobres. En aquellos días la ciudad estaba llena de gente y con mucho ruido. Por eso, los habitantes de aquella localidad, no pudieron ver que este niño era especial. Sin embargo, los Reyes Magos, hombres sabios paganos que venían de otros países siguiendo una estrella desde el oriente, vieron en este niño al Niño Dios, al que por dos mil años la humanidad sigue adorando. Y la fe de estos tres extranjeros les valió el privilegio especial de ser los primeros en adorar al Mesías que la ciudad de Belén desconoció.

Esta fiesta de la Epifanía del Señor nos hace recordar la obligación que tiene todo cristiano a estar atentos a la manera que el Señor se nos manifiesta en la vida diaria. Cristo está presente en todo ser humano que encontramos por el camino de la vida. La Iglesia proclama lo que siempre ha proclamado a través de los siglos que Jesucristo es el Mesías, el Salvador, de toda la humanidad sin distinción de raza, lengua o nación. Jesús es el Dios-con-nosotros. Es el Dios que mora entre nosotros, especialmente entre los más necesitados y marginados. Por eso la fiesta de hoy nos anima a todos a compartir con nuestro prójimo lo poco o lo mucho que tenemos. Además, nos debe impulsar, en nuestra comunidad, a compartir nuestra amabilidad con los demás.

En la Segunda Lectura, San Pablo les recuerda a los miembros de la comunidad de Efesio que todos somos coherederos de partícipes de la Promesa en Jesucristo, por el Evangelio. Todos compartimos nuestra fe y somos miembros del mismo cuerpo de Cristo.

En este último día de este tiempo de Navidad, preguntémonos, ¿estoy dejando que mi vida siga en la oscuridad rindiéndome a mis caprichos y mis comodidades sin reconocer que el centro de mi vida debe ser Cristo? Es difícil, lo sé. Los Reyes Magos también tuvieron que pasar tiempos difíciles en su camino hacia Belén. En aquellos tiempos los caminos eran peligrosos y las posadas no eran cómodas pero, a pesar de todo eso, siguieron fielmente la luz de la estrella que les indicaba donde estaba Jesús. Siguieron el camino que daba sentido a sus vidas. Sabemos que el camino de la fe es un camino de sacrificio. Muchas veces tenemos que abandonar todo lo que entorpece nuestra caminata hacia el Señor. Tenemos que despojarnos de todo lo que no nos deja alcanzar a Dios. Es difícil. Pero sabemos que si somos perseverantes, si sabemos resistir las tentaciones que surgen, la luz del Señor nos guiará hacia Él.

Hermanos y hermanas, les propongo que la única manera de alcanzar el descanso eterno que nos promete el Señor, es si seguir a la estrella de nuestra fe y ella nos enseñará la luz de Cristo.

The Epiphany of Our Lord Jesus Christ

Cycle A Book 3

Readings: (R1) Isaiah 60:1-6 (R2) Ephesians 3:2-3, 5-6 (Gos) Matthew 2:1-12

The Church celebrates today, the Feast of the Epiphany of the Lord, as the day that Jesus manifested Himself to the whole world. The word Epiphany comes from the Greek and means manifestation or revelation. In our countries, perhaps we know this festival better as the Day of the Magi or the Three Kings.

This great feast should encourage us to want to share the hopes of our own parish and to pray for it and for its deacons and priests. But it should also encourage us to pray for all Catholic communities around the world so that more Christians join them and make them grow in faith and love.
The Epiphany should remind us that we have to do everything in our power so that people who are a little lost in the faith, whether family or friends, come closer to Jesus, teaching them with our good ways to form a united church with great spiritual formation.

In Bethlehem the Child Jesus was born in a stable among the poorest of the poor. In those days the city was crowded and very noisy. Therefore, the inhabitants of that town could not see that this child was special. However, the Three Wise Men, pagan wise men who came from other countries following a star from the east, saw in this child the Child God, whom humanity continues to adore for two thousand years. And the faith of these three foreigners earned them the special privilege of being the first to worship the Messiah that the city of Bethlehem did not know.

This feast of the Epiphany of the Lord reminds us of the obligation that every Christian has to be attentive to the way the Lord manifests himself to us in daily life. Christ is present in every human being we meet on the path of life. The Church proclaims what it has always proclaimed throughout the centuries that Jesus Christ is the Messiah, the Savior, of all humanity without distinction of race, language or nation. Jesus is the God-with-us. He is the God who dwells among us, especially among the most needy and marginalized. That is why today's party encourages all of us to share with our neighbor what little or how much we have. Furthermore, it should encourage us, in our community, to share our kindness with others.

In the Second Reading, Saint Paul reminds members of the Ephesian community that we are all joint heirs of participants in the Promise in Jesus Christ through the Gospel. We all share our faith and are members of the same body of Christ.

On this last day of this Christmas season, let us ask ourselves: Am I letting my life continue on in the dark, surrendering to my whims and comforts without recognizing that the center of my life must be Christ? It is difficult, I know. The Three Kings also had to go through difficult times on their way to Bethlehem. In those days the roads were dangerous and the inns were not comfortable, but despite all that, they faithfully followed the light of the star that indicated where Jesus was. They followed the path that gave meaning to their lives. We know that the way of faith is a way of sacrifice. Many times we have to abandon everything that hinders our walk towards the Lord. We have to strip ourselves of everything that prevents us from reaching God. It's hard. But we know that if we are persevering, if we know how to resist the temptations that arise, the light of the Lord will guide us towards Him.

Brothers and sisters, I propose to you that the only way to achieve the eternal rest that the Lord promises us is to follow the star of our faith and she will teach us the light of Christ.

El Bautismo del Señor

Ciclo A Tomo 3

Lecturas: (L1) Isaías 42, 1-4. 6-7 (L2) Hechos 10, 34-38 (Ev) Mateo 3, 13-17

En la Primera Lectura, Dios nos dice, a través de las palabras escritas por el profeta Isaías: dice: Yo, el Señor, te he llamado con justicia, te he tomado de la mano, te he formado… Para que abras los ojos de los ciegos, saques a los cautivos de la prisión, y de la mazmorra a los que habitan en las tinieblas. Esta es la misión profética que recibimos al ser bautizados. Al ungir con el Santo Crisma a los bautizados, sean niños o adultos, el sacerdote o el diacono les dice: "Dios todopoderoso… te unja con el crisma de la salvación, para que, incorporado a su pueblo, seas para siempre miembro de Cristo Sacerdote, de Cristo Profeta y de Cristo Rey." Y es que el Bautismo al ser el primer sacramento que recibimos no solo nos convierte en cristianos. También nos encomienda una misión: ser miembro de Cristo, Sacerdote, Profeta y Rey. Por eso el sacramento del Bautismo es tan importante en la vida de todo cristiano.

Por desgracia, quizás influenciados por amigos que no son Católicos o simplemente porque ignoran la importancia de este sacramento para los niños, en muchas familias el llevar a los hijos a bautizar en los primeros días después de su nacimiento ha pasado de moda. Con mucha pena vemos, hoy en día, como algunos padres de familia dejan pasar demasiado tiempo, anteponiendo ante el sacramento del bautismo vanidades y pequeñeces que para Dios no tienen ninguna importancia, como no tener dinero para comprar el vestido bonito o para dar una fiesta.

Los padres de familia tienen un hermoso apostolado: llevar a sus hijos e hijas a ser bautizados lo antes posible después de su nacimiento. Así enseñan a sus familiares, amigos y demás miembros de la propia comunidad cristiana, que incluso los recién nacidos tienen el derecho de ser bautizados y de recibir la gracia, la fe y, lo más importante, la salvación eterna a través de una relación muy especial con Nuestro Señor. Nos cuesta esfuerzo comprender cómo muchos niños quedan privados de este sacramento tan importante por la negligencia de sus padres. Debemos orar para que el Señor no permita que suceda en nuestra familia que no llevemos a nuestros hijos a bautizar sea por falta de fe o por ignorancia o malos consejos.

El Señor, inmediatamente después de ser bautizado, salió del agua y en ese mismo instante se abrieron los cielos y se vio al Espíritu de Dios que descendía en forma de Paloma y venía sobre Él y se escuchó una voz del cielo que decía, "Este es mi Hijo, el amado, mi predilecto." Este hecho muestra la inmensidad del sacramento del bautismo. En este sacramento el Espíritu Santo desciende sobre el bautizado quien, a través de la gracia divina, renace espiritualmente y se convierte en un nuevo cristiano, al que Dios mira con cariño. Para el cristiano que vive su fe, debe ser gratificante saber que gracias al bautismo un niño se ha convertido en templo del Espíritu Santo y ha sido purificado del pecado original.

Los padres y padrinos deben tener en cuenta que reciben un mandato de Cristo cando bautizan su hijo o hija. Desde ese momento en adelante deben enseñar al niño bautizado a vivir una vida sin mancha, a evangelizar con su propio ejemplo y a amar a los demás. Cristo les dice que deben ser sus testigos dentro de sus propias familias, y esto lo dice bien claramente. Muchos se preguntarán ¿qué significa ser testigo de Cristo? Pues significa tener la misión de pregonar la verdadera religión que hemos recibido en el bautismo, significa llevar siempre a Dios por delante en la familia, en la escuela, en el trabajo, y sobre todo en la comunidad a la que pertenecemos. Para llevar a Dios por delante debemos olvidarnos de nosotros mismos, no debemos preocuparnos de *el qué dirán*. Debemos recordar siempre que todo lo que hagamos debe ser para atraer almas a Cristo. Aprendamos a vivir nuestra vida mostrando que somos testigos verdaderos de Cristo, llevando por doquier su mensaje de salvación.

The Baptism of the Lord

Cycle A Book 3

Readings: (R1) Isaiah 42:1-4, 6-7 (R2) Acts 10:34-38 (Gos) Matthew 3:13-17

In the First Reading, God tells us, through the words written by the prophet Isaiah: he says: I, the Lord, have called you with justice, I have taken you by the hand, I have formed you ... So that you open the eyes of the blind, bring the captives out of prison, and out of the dungeon those who dwell in darkness. This is the prophetic mission that we receive when we are baptized. When anointing the baptized with Holy Chrism, whether they are children or adults, the priest or deacon says to them: "Almighty God… anoint you with the chrism of salvation, so that, incorporated into his people, you will be a member of Christ the Priest, Christ the Prophet and Christ the King. " And it is that Baptism, being the first sacrament we receive, not only makes us Christians. He also entrusts us with a mission: to be a member of Christ, Priest, Prophet and King. That is why the sacrament of Baptism is so important in the life of every Christian.

Unfortunately, perhaps influenced by non-Catholic friends or simply because they ignore the importance of this sacrament for children, in many families, taking children to baptize in the first days after birth has gone out of fashion. With great sorrow we see, today, how some parents allow too much time to pass, putting before the sacrament of baptism vanities and small things that are of no importance to God, such as not having money to buy the beautiful dress or to throw a party.

Parents have a beautiful apostolate: bringing their sons and daughters to be baptized as soon as possible after birth. In this way they teach their relatives, friends and other members of the Christian community itself that even newborns have the right to be baptized and to receive grace, faith and, most importantly, eternal salvation through a very close relationship. It is hard for us to understand how many children are deprived of this important sacrament due to the negligence of their parents. We must pray that the Lord will not allow it to happen in our family that we do not take our children to baptize, whether for lack of faith or ignorance or bad advice.

The Lord, immediately after being baptized, came out of the water and at that very moment the heavens were opened and the Spirit of God was seen descending in the form of a Dove and coming upon Him and a voice from heaven was heard saying, "This he is my Son, the beloved, my favorite. " This fact shows the immensity of the sacrament of baptism. In this sacrament, the Holy Spirit descends on the baptized person who, through divine grace, is spiritually reborn and becomes a new Christian, whom God looks upon with affection. For the Christian who lives his faith, it must be gratifying to know that thanks to baptism a child has become a temple of the Holy Spirit and has been purified from original sin.

Parents and godparents should keep in mind that they receive a mandate from Christ when they baptize their son or daughter. From that moment on, they must teach the baptized child to live a life without blemish, to evangelize with their own example and to love others. Christ tells them that they must be their witnesses within their own families, and this is clearly stated. Many will ask: what does being a witness to Christ mean? Well, it means having the mission of proclaiming the true religion that we have received in baptism; it means always keeping God at the forefront in the family, at school, at work, and especially in the community to which we belong. To keep God in the forefron, we must forget ourselves; we must not worry about "what they will say". We must always remember that everything we do must be to attract souls to Christ. Let us learn to live our lives showing that we are true witnesses of Christ, carrying his message of salvation everywhere.

Segundo Domingo del Tiempo Ordinario

Ciclo A Tomo 3

Lecturas: (L1) Isaías 49, 3. 5-6 (L2) 1 Corintios 1, 1-3 (Ev) Juan 1, 29-34

Hoy en el Evangelio hemos escuchado que Juan el Bautista, al ver que Nuestro Señor se acercaba a él, exclamó: "Este es el Cordero de Dios, que quita el pecado del mundo." Era muy importante no solo para los seguidores de Juan sino también para el pueblo judío que Juan presentara a Cristo como el "Cordero de Dios". El pueblo de Israel necesitaba desesperadamente escuchar el testimonio de Juan. Toda la esperanza del pueblo de Dios se centraba en la llegada del elegido de Dios, el Mesías prometido, que llevaban siglos esperando. El autor había del libro del Profeta Isaías describió a un hombre, el llamado "siervo sufriente" que era "Despreciado y rechazado por los hombres, varón de dolores, hecho para el sufrimiento. Este hombre cargaría con "el pecado de todos nosotros". Es más, describió a este hombre [7] Angustiado y afligido, no abrió su boca; como cordero fue llevado al matadero;…"

Juan usó este título a propósito para anunciar la presencia de Cristo al mundo entero. Y la Iglesia repite este título en cada misa con la misma intención. Durante la Misa, el pan y el agua se convierten en el Cuerpo y la Sangre de Jesucristo, el Cordero de Dios. Cristo es el cordero de la Nueva Alianza que, con su sangre, ha redimido a toda la humanidad. Desde el principio los cristianos hemos creído que Cristo se sacrifico por nosotros en el Calvario. Es allí donde murió mostrando así que era el verdadero cordero que quita el pecado del mundo. Muriendo destruyó la muerte y resucitando restauró la vida. Cristo es el único capaz de reconciliar a la humanidad con el Padre. Y en cada misa celebrada en cada templo Católico, Cristo ofrece al Padre el sacrificio perfecto de su vida.

En la Primera Lectura hemos escuchado a las palabras de Dios mismo describir al siervo sufriente diciendo: "te hago luz de las naciones, para que mi salvación alcance hasta el confín de la tierra". Estas palabras se cumplieron el Calvario cuando Nuestro Señor, el Cordero de Dios, fue sacrificado por los pecados del mundo. Cada vez que el sacerdote pronuncia estas mismas palabras de Juan nos está recordando que Jesucristo vino al mundo a llamarnos a la santidad. Y es en la Sagrada Eucaristía que nos da continuamente la ayuda necesaria para santificarnos. Pero la santidad solo se puede realizar mediante una purificación continua del alma, algo esencial para amar cada día más a Dios. Por eso debemos dar gracias a Nuestro Señor por haber instituido el Sacramento de la Penitencia mediante el cual podemos confesar nuestros pecados con frecuencia.

La persona que deja la confesión y se abstiene de recibir a Cristo en el banquete pascual de la Santa Misa indica su falta de amor a Dios. La confesión frecuente de nuestros pecados está muy unida con la santidad, con el amor a Dios. Los santos fueron mujeres y hombres pecadores que confesaron sus pecados y recibieron la gracia para vivir una vida santa... Por eso la Iglesia nos aconseja continuamente la confesión frecuente. En el camino hacia el Señor, los pecados, incluso los veniales, no dejan que caminemos con soltura. Por eso tenemos que retirar a un lado nuestros pecados porque solo nos estorban y nos pesan. Con menos peso espiritual podremos seguir al Señor con más alegría. Hagamos examen de conciencia y preguntémonos: ¿Cuánto tiempo llevo yo sin acercarme al confesionario para recibir el perdón del Señor? ¿Cuánto tiempo llevo yo sin recibir al Señor en la Sagrada Eucaristía?

Al pedir perdón por nuestros pecados mediante el Sacramento de la Penitencia mostramos el amor que tenemos por Dios. Y en esta Santa Misa que celebramos hoy, Dios nos muestra el amor que tiene por nosotros dándonos, a través de la Sagrada Eucaristía, la fortaleza espiritual que necesitamos para imitara Cristo. Porque si comemos el pan de vida con fe en el gran amor que Cristo, el Cordero de Dios, tiene por nosotros, Él nos dará su luz y su energía para que podamos seguir el largo camino hacia el Padre celestial.

Second Sunday of Ordinary Time

Cycle A Book 3

Readings: (R1) Isaiah 49:3, 5-6 (R2) 1 Corinthians 1:1-3 (Gos) John 1:29-34

Today in the Gospel we have heard that John the Baptist, seeing that our Lord was approaching him, exclaimed: "This is the Lamb of God, who takes away the sin of the world." It was very important not only for John's followers but also for the Jewish people that John present Christ as the "Lamb of God." The people of Israel desperately needed to hear John's testimony. All the hope of the people of God focused on the arrival of God's chosen one, the promised Messiah, who had been waiting for centuries. The author of the book of the Prophet Isaiah described a man, the so-called "suffering servant" who was "despised and rejected by men, a man of pain, made for suffering. This man would bear "the sin of us all." Moreover, he described this man 7 Anguished and afflicted, he did not open his mouth; like a lamb he was taken to the slaughterhouse;"

John purposely used this title to announce the presence of Christ to the entire world. And the Church repeats this title at each Mass with the same intention. During the Mass, bread and water become the Body and Blood of Jesus Christ, the Lamb of God. Christ is the lamb of the New Covenant who, with his blood, has redeemed all of humanity. From the beginning we Christians have believed that Christ sacrificed himself for us on Calvary. It is there where he died thus showing that he was the true lamb that takes away the sin of the world. By dying he destroyed death and by resurrecting he restored life. Christ is the only one capable of reconciling humanity with the Father. And in each mass celebrated in each Catholic temple, Christ offers the Father the perfect sacrifice of his life.

In the First Reading we have heard the words of God himself describe the suffering servant saying: "I make you the light of the nations, so that my salvation reaches the ends of the earth." These words were fulfilled on Calvary when Our Lord, the Lamb of God, was sacrificed for the sins of the world. Every time the priest utters these same words of John, he is reminding us that Jesus Christ came into the world to call us to holiness. And it is in the Holy Eucharist that he continually gives us the help necessary to sanctify ourselves. But holiness can only be achieved through a continuous purification of the soul, something essential to love God more and more. For this we must thank Our Lord for having instituted the Sacrament of Penance through which we can frequently confess our sins.

The person who leaves the confession and refrains from receiving Christ at the Easter feast of the Holy Mass indicates his lack of love for God. The frequent confession of our sins is closely linked with holiness, with love for God. The saints were sinful women and men who confessed their sins and received the grace to live a holy life ... This is why the Church continually advises us on frequent confession. On the way to the Lord, sins, even venial ones, do not let us walk freely. So we have to put aside our sins because they only hinder and weigh us down. With less spiritual weight we can follow the Lord with more joy. Let's do an examination of conscience and ask ourselves: How long have I been without going to the confessional to receive the Lord's forgiveness? How long have I been without receiving the Lord in the Holy Eucharist?

By asking forgiveness for our sins through the Sacrament of Penance we show the love we have for God. And in this Holy Mass that we celebrate today, God shows us the love that he has for us by giving us, through the Holy Eucharist, the spiritual strength that we need to imitate Christ. Because if we eat the bread of life with faith in the great love that Christ, the Lamb of God, has for us, He will give us his light and energy so that we can continue the long journey towards the heavenly Father.

Tercer Domingo del Tiempo Ordinario

Ciclo A Tomo 3

Lecturas: (L1) Isaías 8, 23-9, 3 (L2) 1 Corintios 1,10-13.17 (Ev) Mateo 4,12-23

El Evangelio de hoy nos dice que cuando Jesús se enteró que las autoridades habían detenido a su primo, Juan el Bautista se retiró a Galilea y comenzó a predicar en Cafarnaúm. Su primera predicación era sobre las palabras que el profeta Isaías había escrito y que hemos oído en la Primera Lectura hoy: "El pueblo que habitaba en tinieblas vio una luz grande; a los que habitaban en tierra y sombras de muerte, una luz les brilló." Entonces dijo "Conviértanse porque está cerca el Reino de los cielos." Y enseguida comenzó a formar el grupo a quien encomendaría formar su iglesia: los apóstoles.

Es importante diferenciar entre un apóstol y un discípulo. La palabra "apóstol" viene del griego y significa "una persona enviada". La palabra discípulo también viene del griego y significa una persona escogida de entre otras para hacer algo. Los apóstoles fueron escogidos para ser las personas que serian enviadas a todas partes del mundo predicando la Buena Nueva del Reino de Dios. Los discípulos serian sus ayudantes. En realidad, todos somos llamados a convertirnos, a dejar nuestra vida diaria y ser vivos reflejos de Cristo en el mundo. Nuestro Señor quiere que brillemos entre los no creyentes con el fulgor de su presencia en nosotros. Quiere convertirnos en luz del mundo dando a conocer su doctrina y sus enseñanzas. Para hacer esto, los cristianos necesitamos conocer bien nuestra religión y estudiar las enseñanzas del magisterio de la Iglesia. El magisterio es la autoridad que en materia de dogma y moral ejercen el Papa y los obispos y cardenales quienes son sucesores de los apóstoles. En la Iglesia ha depositado el Señor el tesoro de su doctrina, las enseñanzas y el sentido de las predicaciones del Señor. El magisterio salvaguarda r este tesoro para que su contenido no sea cambiado o tergiversado por cualquier persona o grupo de personas.

A nosotros, como cristianos, nos corresponde conocer el contenido de ese tesoro. O sea, lo que el Papa y los obispos, los sucesores de los apóstoles, enseñan sobre los deberes de justicia, las exigencias de la caridad, y el bien que tenemos que realizar. Debemos acudir a las enseñanzas de la Iglesia para aprender cual es la responsabilidad personal de un buen cristiano. El Concilio Vaticano Segundo dijo que "Cristo, el único Mediador, instituyó y mantiene continuamente en la tierra a su Iglesia santa, comunidad de fe, esperanza y caridad, como un todo visible, comunicando mediante ella la verdad y la gracia a todos."(Lumen gentium I, 8)

Lamentablemente hay otros que rechazan la enseñanza de la Iglesia y viven completamente alejados del Señor. Nos preguntamos, a veces, ¿por qué no quieren cambiar sus vidas, dejar el pecado y esas vidas desordenadas? ¿Por qué no quieren salir del mundo de las tinieblas para abrazar la luz de Cristo? ¿Por qué no acuden al Señor pidiéndole que les ayude sanando sus dolencias y curando sus enfermedades espirituales? Nuestro Señor nos pide primero a enderezar nuestras vidas y seguirle. Nos pide que aceptemos su luz y que esta sea reflejada en cómo vivimos. El que vive en pecado vive en tinieblas y no puede brillar con la luz de Cristo. Y también nos pide que prediquemos con cómo vivimos nuestra vida para que, siguiendo nuestro ejemplo, todo el mundo a nuestro alrededor se convierta.

Algunos dicen que esto es demasiado difícil, que hay que dejar muchas cosas, y no están dispuestos a ello. Sin embargo, el evangelio nos muestra cómo los apóstoles siguieron a Jesús sin demora, con prontitud y generosidad. Nuestra fe cristiana nos exige que ablandemos nuestros corazones, que vayamos con nuestras vidas proclamando y anunciando el evangelio.

Hermanas y hermanos, sabemos que la humanidad anda perdida y necesita mucho del Señor. Muchos viven sin conocer la luz de Cristo, completamente en tinieblas. Pidamos a Jesucristo que nos de la fuerza para difundir la verdad a un mundo que necesita escucharla.

Third Sunday of Ordinary Time

Cycle A Book 3

Readings: (R1) Isaiah 8:23b-9:3 (R2) 1 Corinthians 1:10-13, 17 (Gos) Matthew 4:12-23

Today's Gospel tells us that when Jesus learned that the authorities had arrested his cousin, John the Baptist withdrew to Galilee and began preaching in Capernaum. His first preaching was about the words that the prophet Isaiah had written and that we have heard in the First Reading today: "The people who lived in darkness saw a great light; to those who dwelled in the earth and shadows of death, a light shone." Then he said, "Convert because the Kingdom of heaven is near." And immediately he began to form the group that he would entrust to form his church: the apostles.

It is important to differentiate between an apostle and a disciple. The word "apostle" comes from the Greek and means "a sent person." The disciple also comes from the Greek and means a person chosen from among others to do something. The apostles were chosen to be the people who would be sent to all parts of the world preaching the Good News of the Kingdom of God. The disciples would be his helpers. In reality, we are all called to convert, to leave our daily lives and to be living reflections of Christ in the world. Our Lord wants us to shine among non-believers with the brightness of his presence in us. He wants to make us the light of the world by making his doctrine and teachings known. To do this, Christians need to know our religion well and study the teachings of the Church's magisterium. The magisterium is the authority that in matters of dogma and morals are exercised by the Pope and the bishops and cardinals who are successors to the apostles. In the Church the Lord has deposited the treasure of his doctrine, the teachings and the meaning of the Lord's preaching. The magisterium safeguards this treasure so that its content is not changed or misrepresented by any person or group of people.

It is up to us as Christians to know the content of that treasure. What the Pope and the bishops, the successors of the apostles, teach about the duties of justice, the demands of charity, and the good that we have to do. We must turn to the teachings of the Church to learn what the personal responsibility of a good Christian is. The Second Vatican Council said that "Christ, the only Mediator, continually instituted and maintains on earth his holy Church, a community of faith, hope and charity, as a visible whole, communicating through it the truth and grace to all." (Lumen Gentium I, 8)

Unfortunately, there are others who reject the teaching of the Church and live completely apart from the Lord. We ask ourselves, sometimes, why don't they want to change their lives, leave sin and those lives disordered? Why do they not want to leave the world of darkness to embrace the light of Christ? Why don't you go to the Lord asking him to help you by healing your ailments and healing your spiritual illnesses? Our Lord asks us first to straighten our lives and follow Him. He asks us to accept his light and that it be reflected in how we live. He who lives in sin lives in darkness and cannot shine with the light of Christ. And it also asks us to preach with how we live our lives so that, following our example, everyone around us is converted.

Some say that this is too difficult, that many things have to be left, and they are not willing to do it. However, the gospel shows us how the apostles followed Jesus promptly, promptly, and generously. Our Christian faith requires us to soften our hearts, to go with our lives proclaiming and announcing the gospel.

Sisters and brothers, we know that humanity is lost and desparately needs the Lord. Many people live without knowing the light of Christ, completely in darkness. Let us ask Jesus Christ to give us the strength to spread the truth to a world that needs to hear it.

Cuarto Domingo del Tiempo Ordinario

Ciclo A Tomo 3

Lecturas: (L1) Sofonías 2, 3; 3,12-13 (L2) 1 Corintios 1, 26-31 (Ev) Mateo 5,1-12a

Para muchas personas las Bienaventuranzas que hemos escuchado en el Evangelio hoy es una lista de actitudes y hechos que no se puede seguir hoy en día. Muchas veces, en el mundo en que vivimos, es difícil encontrar alguien que cumple todas las pautas que el Señor nos pide que sigamos en las Bienaventuranzas. Y es que la cultura en que vivimos halaga a personas que no quieren tratar de ayudar al prójimo. Todo el mundo quiere ser autosuficiente. Nadie quiere depender de otra persona y tampoco de Dios. Y es difícil encontrar a personas que realmente quieren ayudar al prójimo desinteresadamente simplemente por el amor a Dios. Nos parece que cada día encontramos menos mujeres y hombres que quieren seguir los pasos de San Francisco de Asís o Madre Teresa de Calcuta. Muchos donan dinero a asociaciones benéficas olvidándose de las necesidades de los prójimos más prójimos: los miembros de su propia familia. Otros muchos lo que buscan es ser reconocidos públicamente como personas caritativas. Y a veces pensamos que ya no quedan personas que buscan la felicidad y la santidad mostrando su amor a Dios a través de las obras en beneficio de otros.

Sin embargo, quienes escuchaban al Señor ese día que predico las Bienaventuranzas entendían bien que señalaban un mismo ideal: la santidad. Reconocían que ellas describen la senda que tiene que escoger toda persona que quiere cambiar su vida y seguir al Señor de cerca. Hoy, al escuchar en el evangelio las palabras del Señor, debemos sentir la misma necesidad de santificarnos y de mejorar nuestra vida. ¿Pero realmente sentimos eso?

El Señor nos dice, a través de las Bienaventuranzas, nos dice: "Bienaventurados los pobres de espíritu." En otras palabras, cuando hablamos con Dios, debemos darnos cuenta de nuestro vacío espiritual y pobreza. No debemos estar satisfechos ni orgullosos en nuestros corazones, pensando que realmente no necesitamos a Dios. Si lo somos, Dios no puede bendecirnos. Santiago dice en su Carta, "Dios se opone a los orgullosos, pero da gracia a los humildes"(Sto. 4,6).

Los cuatro evangelistas nos cuentan cómo era la vida del Señor. San Mateo destaca el llamado que Nuestro Señor nos hace a formar parte del nuevo Pueblo de Dios. Nos dice que el Pueblo de Dios no está formado de un grupo selecto de poderosos y pudientes. Los elegidos son los pobres, los que lloran, los que son pacientes y los compasivos, los que tienen hambre y sed de justicia y de paz. El Pueblo de Dios también incluye a todos los que han sido perseguidos, insultados o calumniados por ser seguidores de Cristo. Sin embargo, y a pesar de todo, es un pueblo bienaventurado, un pueblo feliz, porque Dios mismo le ha confiado su Palabra. De este pueblo ha nacido el Hijo de Dios, el Verbo Encarnado.

Hermanas y hermanos, el mensaje que las Bienaventuranzas nos traen es, para muchas personas, difícil de entender y aceptar. Los que no aceptan el camino, a veces difícil, de la vida en Cristo no admiten las Bienaventuranzas porque no prometen la felicidad inmediata y absoluta en esta vida. En realidad, ninguna cosa de este mundo puede dar la felicidad absoluta que muchos buscan sin descanso y que, para conseguirla, muchas personas son capaces de pisotear al hermano. Buscar la felicidad en el poder, la fama, y el dinero no les hace felices. Y lo único que consiguen es sentirse miserables. Por consiguiente pasan el tiempo creando una vida desdichada a otras personas.

Aprendamos de una vez que la felicidad verdadera solamente viene de Dios y que la única manera de conseguirla es viviendo en su amor, guardando sus mandamientos. Si desoímos la predicación de Cristo sobre las bienaventuranzas, solo encontraremos soledad y amarga tristeza.

Fourth Sunday of Ordinary Time

Cycle A Book 3

Readings: (R1) Zephaniah 2:3, 3:12-13 (R2) 1 Corinthians 1:26-31 (Gos) Matthew 5:1-12a

For many people, the Beatitudes we have heard today in the Gospel are a list of attitudes and deeds that cannot be followed today. Many times, in the world in which we live, it is difficult to find someone who fulfills all the guidelines the Lord asks us to follow in the Beatitudes. And that is because the culture in which we live praises people who do not want to try to help others. Everyone wants to be self-sufficient. No one wants to depend on another person or on God. And it's hard to find people who really want to help others selflessly just for God's sake. It seems to us that every day we find fewer women and men who want to follow in the footsteps of St Francis of Assisi or Mother Teresa of Calcutta. Many donate money to charities, forgetting the needs of their closest neighbors: their own family members. Many others seek to be publicly recognized as charitable persons. And sometimes we think that there are no more people who seek happiness and holiness by showing their love for God through works for the benefit of others.

However, those who listened to the Lord on that day when he preached the Beatitudes understood well that they all pointed out the same ideal: holiness. They recognize that they describe the path that every person who wants to change his life and follow the Lord closely must choose. Today, as we listen to the Lord's words in the Gospel, we should feel the same need to sanctify ourselves and improve our lives. But do we really feel that?

The Lord tells us, through the Beatitudes, tells us: "Blessed are the poor in spirit. In other words, when we talk to God, we must realize our spiritual emptiness and poverty. We should not be satisfied or proud in our hearts, thinking that we really do not need Dios. If we think this way, God cannot bless us. James says in his letter: "God opposes the proud, but gives grace to the humble"(James 4:6).

The four evangelists tell us what the life of the Lord was like. Matthew emphasizes the call that our Lord makes us to be part of God's new people. It tells us that God's people are not made up of a select group of powerful and rich people. The chosen are the poor, the weeping, the patient and compassionate, those who hunger and thirst for justice and peace. God's people also include all those who have been persecuted, insulted, or slandered for being followers of Christ. However, and in spite of everything, it is a blessed people, a happy people, because God himself has entrusted his word to them. From this people was born the son of God, the Incarnate Word.

Sisters and brothers, the message that the Beatitudes bring to us is, for many people, difficult to understand and accept. Those who do not accept the sometimes difficult path of life in Christ do not accept the Beatitudes because they do not promise immediate and absolute happiness in this life. In reality, nothing in this world can give the absolute happiness that many tirelessly seek and that can make them to trample on their brother in order to obtain. Looking for happiness in power, fame and money does not make them happy. And all that happens is that they feel miserable. As a result, they spend time making life miserable for other people.

Let us learn once and for all that true happiness comes only from God and that the only way to achieve it is by living in his love, keeping his commandments. If we disobey Christ's preaching of the Beatitudes, we will only find loneliness and bitter sadness.

Quinto Domingo del Tiempo Ordinario

Ciclo A Tomo 3

Lecturas: (L1) Isaías 58, 7-10 (L2) 1 Corintios 2,1-5 (Ev) Mateo 5,13-16

Al comenzar su ministerio público, Nuestro Señor mostro que no vino para curar los enfermos o echar demonios. La razón que vino a la tierra es para que pudiéramos sentir la presencia de Dios entre nosotros; vino para sanar nuestras almas de los estragos que causa el pecado; vino para sacrificarse para que pudiéramos ser redimidos del pecado. Sabía que iba volver al Padre y que, ya que no iba estar presente físicamente para alentar e instruir sus seguidores, necesitaba encontrar y catequizar a mujeres y hombres que pudieran continuar la tarea de evangelizar, o sea, de difundir la Buena Nueva del Reino de Dios. También sabía que el llamado el Pueblo de Dios, no solo consistía en el pueblo judío sino en toda la raza humana Era un pueblo descarriado, que muchas veces se había desviado del camino que les conducía al Reino de Dios.

Un día cuando estaba hablando con sus discípulos, les dijo: "ustedes son la sal de la tierra". También: les dijo "ustedes son luz para el mundo." Hoy en día nos lo está diciendo a todos nosotros. Lo que quería decirles es que si pretenden ser sus seguidores tienen que ser conscientes del mandato que tienen que es: enseñar a todo el mundo, íntegramente y sin cambiar, con sus palabras y sus hechos que las enseñanzas de Cristo, O sea, que son sus fieles seguidores. Que son cristianos. De esta manera contribuyen a la tarea que Nuestro Señor no solo lego a los Apóstoles sino a todos los miembros de la Iglesia que fundó.

El Señor sabía que para que sus enseñanzas y predicaciones podían desvirtuarse con el tiempo, podían ser tergiversadas o cambiadas, bien sea a propósito o por equivocación. Lo que deseaba es que sus palabras y, quizás más importante, el sentido de sus palabras no fueran cambiadas por personas que querían "ponerlas al día" o "ajustarlas a la sociedad y los tiempos en que vivimos" Por eso dijo que todos sus seguidores debían ser sal de la tierra. La sal se usaba en sus tiempos e incluso en nuestros días, no solamente para sazonar la comida sino también para conservarla. Así que los Apóstoles y los discípulos debían asegurar que la fe, la iglesia que Jesucristo fundo, se conservara intacta sin distorsiones y sin equivocaciones.

En la Primera Lectura hemos escuchado lo que Dios le dijo al profeta Isaías: "Cuando destierres de ti la opresión, el gesto amenazador y la maledicencia, cuando partas tu pan con el hambriento y sacies el estómago del indigente, brillará tu luz en las tinieblas, tu oscuridad se volverá mediodía". Los primeros cristianos compartían todo lo que tenían y se ayudaban unos a otros. Vemos con preocupación cómo se comportan algunas personas que vienen a la iglesia con frecuencia, Es como si tuvieran miedo de arriesgarse a dar algo a los demás. Nunca tienen tiempo para hacer ni un pequeño favor al prójimo.

Hermanas y hermanos, ser solidarios no requiere ni grandes sacrificios ni horas de aprendizaje. Aprendamos a ser solidarios dando algo de lo que tenemos a los más necesitados, haciendo cada día pequeñas cosas o mostrando la alegría que sentimos cuando vemos a alguien que ha prosperado. De esa manera mostraremos que nos preocupamos por el bien del prójimo y que no somos envidiosos. En una palabra, que sabemos lo que quiere decir ser miembros del cuerpo de Cristo.

Pidamos hoy a la Santísima Virgen, Nuestra Madre Amantísima, que nos enseñe a ser más como los primeros cristianos, sal que impida la podredumbre de esta sociedad en que vivimos. Que nos enseñe a ser como el Profeta Isaías, luz que no solo alumbre en las tinieblas sino que caliente con la vida y la palabra. Que nos enseñe cómo poner a Dios en nuestras vidas primero de todo y como centro de todo. Así podremos dar testimonio al mundo entero de que somos cristianos, seguidores de Jesucristo.

Fifth Sunday of Ordinary Time

Cycle A Book 3

Readings: (R1) Isaiah 58:7-10 (R2) 1 Corinthians 2:1-5 (Gos) Matthew 5:13-16

At the beginning of his public ministry, Our Lord showed that he did not come to cure the sick or cast out demons. The reason he came to earth is so that we could feel the presence of God among us; He came to heal our souls from the ravages that sin causes; He came to sacrifice himself so that we could be redeemed from sin. He knew that he was going to return to the Father and that since he was not going to be physically present to encourage and instruct his followers, he needed to find and catechize women and men who could continue the task of evangelizing, that is, of spreading the Good News of the Kingdom of God. He also knew that the so-called People of God, not only consisted of the Jewish people but of the entire human race. It was a wayward people, who many times had deviated from the path that led them to the Kingdom of God.

One day when he was talking with his disciples, he told them: "You are the salt of the earth." Also: he told them "you are light for the world." Today he is telling all of us. What I wanted to tell you is that if you pretend to be his followers, you have to be aware of the mandate that you have: to teach the whole world, in its entirety and without changing, with your words and your deeds, that the teachings of Christ, that is, that they are his loyal followers, that they are Christians. In this way they contribute to the task that Our Lord not only left to the Apostles but to all the members of the Church that he founded.

The Lord knew that in order that his teachings and preaching could be distorted over time, they could be distorted or combined, either on purpose or by mistake. What he wanted is that his words and, perhaps more importantly, the meaning of his words were not changed by people who wanted to "update them" or "adjust them to society and the times in which we live". That is why he said that all his followers they must be salt of the earth. Salt was used in their times and even today, not only to season food but also to preserve it. So the Apostles and disciples were to ensure that the faith, the church that Jesus Christ founded, was preserved intact without distortions and without mistakes.

In the First Reading we heard what God said to the prophet Isaiah: "When you banish oppression, threatening gesture and slander from yourself, when you break your bread with the hungry and satisfy the stomach of the destitute, your light will shine in the darkness, your darkness will become noon". The early Christians shared everything they had and helped each other. We watch with concern how some people who come to church frequently behave. It is as if they are afraid to risk giving something to others. They never have time to do their neighbor a small favor.

Sisters and brothers, being in solidarity requires neither great sacrifices nor hours of learning. Let's learn to show solidarity by giving something of what we have to those most in need, doing little things every day or showing the joy we feel when we see someone who has prospered. In this way we will show that we care for the good of others and that we are not envious. In a word, we know what it means to be a member of the body of Christ.

Today we ask the Blessed Virgin, Our Loving Mother, to teach us to be more like the first Christians, salt that prevents the rottenness of this society in which we live. May he teach us to be like the Prophet Isaiah, a light that not only shines in the darkness but also warms with life and words. May he teach us how to put God in our lives first of all and at the center of everything. In this way we will be able to bear witness to the entire world that we are Christians, followers of Jesus Christ..

Sexto Domingo del Tiempo Ordinario

Ciclo A Tomo 3

Lecturas: (L1) Sirácides 15,16-21 (L2) 1 Corintios 2, 6-10 (Ev) Mateo 5,17-37

La Primera Lectura de nuestra Santa Misa hoy es del libro de Sirácides que, según el prólogo, del libro es su autor. También ha sido llamado el libro Eclesiástico o de la Iglesia. Este segundo nombre se le fue dado porque se leía en las reuniones y misas cristianas por ser un libro que, según ellos, contiene un compendio de sabiduría práctica, aun más elaborada y más espiritual que el libro de los Proverbios. Por consiguiente, los miembros de la iglesia cristiana lo conocían muy bien. Hoy hemos escuchado palabras escritas por el autor que siguen siendo vigentes e importantes para nosotros hoy en día.

Lo que Sirácides le dice al pueblo judío, y a nosotros también, es que, si queremos, podemos guardar los mandamientos de Dios. Lo que quiere decir es que todos debemos decidir libremente si queremos seguir al Señor. No hay poder en este ni en el otro mundo que puede forzarnos a ser verdaderos creyentes. Y no hay ninguna fuerza humana o diabólica que puede forzarnos pecar. Es para nosotros escoger entre el bien y el mal. Y cuál de los dos escogemos no solamente decidirá cómo vivimos nuestra vida en esta tierra sino también como y donde pasaremos nuestra vida después de morir, o sea la vida después de salir de este valle de lágrimas en que vivimos y pasamos a la vida eterna. Sirácides dice, con mucha razón, que solo hay dos caminos a seguir en esta vida – el fuego o el agua. Para los judíos el fuego significaba la muerte y el agua la vida. Les dice a los israelitas y a nosotros también que si queremos vivir, "como Dios manda" y recibir las bendiciones del Señor, tenemos que escoger entre la vida y la muerte. Es para nosotros escoger libremente cual de los dos caminos seguiremos. Dios es justo, y nos juzga justamente según lo que decidimos hacer en esta vida.

En la Segunda Lectura San Pablo nos dice que no podemos decir que no sabemos lo que tenemos que hacer para seguir a Dios. En realidad, en su misericordia, el Señor nos ha divulgado como podemos ganar nuestra salvación. Nos ha ensenado que es posible aprender una sabiduría que no es de este mundo ni de los príncipes de este mundo, sino una sabiduría divina, misteriosa, escondida, predestinada por Dios antes de los siglos, para nuestra gloria. Y esa sapiencia nos ha sido transmitida por Jesucristo.

En el Evangelio, Nuestro Señor nos sugiere que los mandatos del Dios no son simplemente pautas universales, buenas y sencillas, que todo el mundo debe seguir. Son directrices divinas. Además, nos dice que es prudente cumplirlas porque muestran la voluntad de Dios para con nosotros. Seguirlas o no es una prueba que Dios ha puesto ante el ser humano. Para los que dicen que Cristo vino al mundo para cambiar o poner al día los mandatos de Dios para que sean más amenas y menos rigurosas, Jesús les dice que no deben creer que ha venido a abolir la ley o los profetas: no vino a abolir, sino a dar plenitud. Y les asegura que antes pasarán el cielo y la tierra que deje de cumplirse hasta la última letra o tilde de la ley. Y añade, "El que se salte uno sólo de los preceptos menos importantes, y se lo enseñe así a los hombres, será el menos importante en el Reino de los Cielos." Entonces nos dice, en una serie de enseñanzas que empiezan diciendo "Han escuchado que se dijo a los antiguos…", Y terminan con "Pero yo les digo…". Lo que quiere decir es que los judíos habían escuchado que Dios mismo les había dado a sus antepasados los mandamientos que debían seguir pero Cristo, que no solo es Hijo de Dios, la Segunda Persona de la Santísima Trinidad, sino que es Dios mismo vino a la tierra para reforzar y aclarar esos mandamientos ya que los seres humanos los habían cambiado y suavizado a su antojo.

En suma, Dios nos dice que es prudente cumplir la voluntad de Dios. El nos ha dado una gran oportunidad de vivir una vida que nos encamina hacia una vida eterna con el Señor. Podemos escoger entre la vida o la muerte espiritual. Pero si no estamos viviendo una vida encaminada hacia la vida eterna con Jesús, El nos da la oportunidad para enmendarla, confesando nuestros pecados, convirtiéndonos y volviendo a ser sus fieles seguidores. Vida o muerte, es para nosotros escoger.

Sixth Sunday of Ordinary Time

Cycle A Book 3

Readings: (R1): Sirach 15,15-20 (R2) 1 Corinthians 2,6-10 (Gos) Mathew 5,20-22.27-28.33-34.37

The First Reading of our Holy Mass today is from the book of Sirach who, according to the prologue, is the author of the book. It has also been called Ecclesiasticus or book of the Church. This second name was given because it was read in early Christian meetings and Masses because it is a book that, according to them, contains a compendium of practical wisdom, even more elaborate and more spiritual than the book of Proverbs. Consequently, the members of the Christian church knew it very well. Today we have heard words written by the author that are still relevant and important to us today.

What Sirach tells the Jewish people and us too, is that if we want to, we can keep God's commandments. What he means is that we must all decide freely if we want to follow the Lord. There is no power in this or the other world that can force us to be true believers. And there is no human or evil force that can force us to sin. It is for us to choose between good and evil. And which of the two we choose will not only decide how we live our life on this earth but also how and where we will spend our life after we die, that is, life after leaving this valley of tears in which we live and pass into eternal life. Sirach says, with good reason, that there are only two paths to follow in this life - fire or water. For the Jews fire meant death and water life. He tells the Israelites and us too that if we want to live "as God intended" and receive the blessings of the Lord, we have to choose between life and death. It is for us to freely choose which of the two paths we will follow. God is fair, and judges us fairly based on what we decide to do in this life.

In the Second Reading Saint Paul tells us that we cannot say that we do not know what we have to do to follow God. In fact, in his mercy, the Lord has revealed to us how we can earn our salvation. He has taught us that it is possible to learn a wisdom that is not of this world or of the princes of this world, but a divine, mysterious, hidden wisdom, predestined by God before the centuries, for our glory. And that wisdom has been transmitted to us by Jesus Christ.

In the Gospel, Our Lord suggests to us that God's commands are not simply good and simple universal guidelines that everyone should follow. They are divine guidelines. In addition, it tells us that it is prudent to fulfill them because they show God's will for us. To follow them or not is a test that God has placed before human beings. For those who say that Christ came into the world to change or update the commands of God so that they are more pleasant and less rigorous, Jesus tells them that they must not believe that he has come to abolish the law or the prophets: he did not come to abolish, but to give fullness. And he assures them that heaven and earth will pass away, before the last letter or dot of the law is not fulfilled. And he adds, "Whoever skips even one of the least important precepts, and teaches it like this to men, will be the least important in the Kingdom of Heaven." Then he tells us, in a series of teachings that begin by saying "You have heard that the ancients were told ...", and end with "But I tell you ...". What it means is that the Jews had heard that God Himself had given their ancestors the commandments that they should follow but Christ, who is not only the Son of God, the Second Person of the Holy Trinity, but that he is God Himself, who came to earth to reinforce and clarify those commandments since human beings had changed and softened them at will.

In short, God tells us that it is prudent to do God's will. He has given us a great opportunity to live a life that leads us to eternal life with the Lord. We can choose between spiritual life and death. Nevertheless, if we are not living a life leading to eternal life with Jesus, He gives us the opportunity to make amends, confessing our sins, converting ourselves, and becoming his faithful followers again. Life or death, it is for us to choose.

Séptimo Domingo del Tiempo Ordinario

Ciclo A Tomo 3

Lecturas: (L1) Levítico 19:1-2,17-18 (L2) 1 Corintios 3:16-23 (Ev) Mateo 5:38-48

Hermanas y hermanos, nuestra Primera Lectura hoy es del libro de Levítico. Levítico no es el nombre del autor sino una descripción del contenido del libro, que es una serie de directrices y pautas para seguir el pueblo Israelita. Una tradición muy antigua dice que el Patriarca Moisés era el autor pero en realidad no sabemos a ciencia cierto si esto es la verdad o no. Antes de llegar nuestro Señor al mundo terreno, las relaciones entre judíos se basaban en la Ley de Talión del Antiguo Testamento. Talion viene de una palabra deriva de una palabra latina que quiere decir semejante o igual. Según esta ley la persona que cometía un delito contra otra persona debía ser castigada de una manera equivalente al delito original. A veces a este concepto se le llama l Ley de Retaliación o Revancha. De ahí viene la frase "Ojo por ojo, diente por diente." Esto evitaba rencillas entre familias y pueblos enteros en las cuales grupos grandes atacaban a otros grupos porque un miembro del segundo grupo había agredido a otro del primero. Hoy escuchamos al autor del Libro de Levítico transmitir las palabras de Dios al pueblo escogido: "Serás santo, porque yo, el Señor tu Dios, soy santo. No odiarás de corazón a tu hermano. Reprenderás a tu pariente para que no cargues tú con su pecado. No te vengarás ni guardarás rencor a tus parientes, sino que amarás a tu prójimo como a ti mismo." Lo que quiere decir es que si quieren ser santos tienen que ser como El. Dios no castiga a familias enteras porque un miembro de la familia ha pecado. Solo el pecador será castigado y solo si no se arrepiente sinceramente. Y los seguidores de Dios no deben culpar a la familia o el pueblo de una persona simplemente porque esa persona ha cometido un delito.

En el Evangelio de la semana pasada escuchamos a Jesucristo decir que no había venido para cambiar o abolir la ley, sino para transformarla para que fuese más de acorde con la voluntad de Dios. Hoy le hemos escuchado decir que la Ley de Talión no era suficiente para el Pueblo de Dios. Ya no vale simplemente el "ojo por ojo". De ahora en adelante hay que desear el bien a todos incluso a los enemigos y los que aborrecemos o que nos han perseguid y calumniado. Esto puede parecernos que va contra todo sentido y, además, contra los deseos que muchas veces siente una persona agredida o insultada por otra persona. Sin embargo, el Señor no pide que hagamos lo que nos parece bien o lo que nos hace sentir bien sino lo que hace nuestro Padre Dios que está en el cielo. Cuando nosotros le agredimos y le insultamos pecando contra él sigue amándonos. Para el ser humano, sintiendo la herida reciente que le ha proporcionado otra persona, este concepto puede ser difícil de entender. En realidad los hechos y mandamientos de Dios a veces nos parecen que no tienen sentido o que van contra todo lo que es normal para el ser humano. Y es que son mandamientos de Dios y no mandamientos del ser humano. El Ser Supremo no tiene porque tratar de actuar como nosotros. Somos nosotros los que debemos tratar de asemejarnos a Él. El Señor trata de decirnos a través de las Sagradas Escrituras lo que tenemos que hacer. Y el Señor nos dice en el Evangelio hoy lo que debemos hacer: "Amen a sus enemigos, hagan el bien a los que los aborrecen y recen por los que les persiguen y calumnian. Así serán hijos e hijas del Padre que está en el cielo, que hace salir su sol sobre malos y buenos y manda la lluvia a justos e injustos"

Hermanas y hermanos, debemos recordar siempre que Dios siempre nos ayuda en nuestros esfuerzos a ser mas como él. Dios ama incluso hasta la persona que le odia y prefiere pecar y rendirse a las tentaciones de Satanás. Nos da a todos la oportunidad de vivir con El eternamente regocijándonos en su amor en el cielo. Es importante recordar que, conociéndonos como nos conoce, Dios no nos dice que tenemos que ser perfectos inmediatamente, sino que debemos tratar de ser perfectos. Nos da a todos, buenos o malos, la oportunidad de enmendar nuestras vidas si es preciso y, acercarnos más a él.

Seventh Sunday of Ordinary Time

Cycle A Book 3

Readings: (R1) Leviticus 19:1-2, 17-18 (R2) 1 Corinthians 3:16-23 (Gos) Matthew 5:38-48

Sisters and brothers, our First Reading today is from the book of Leviticus. Leviticus is not the name of the author but a description of the content of the book, which is a series of directives and guidelines for the Israelites to follow. A very old tradition says that the Patriarch Moses was the author but in reality we do not know for sure if this is the truth or not. Before our Lord is into this world, relations between Jews were based on the Old Testament Law of Talion. Talion is a word derived from a Latin word that means similar or equal. According to this law, the person who committed a crime against another person should be punished in a manner equivalent to the original crime. Sometimes this concept is called the Law of Retaliation or Revenge. From there comes the phrase "An eye for an eye, a tooth for a tooth." This avoided quarrels between entire families and villages in which large groups attacked other groups because one member of the second group had attacked another from the first. Today we hear the author of the Book of Leviticus transmit God's words to the chosen people: "You will be holy, because I, the Lord your God, am holy. You will not hate your brother from your heart. You will rebuke your relative so that you do not bear his sin. You will not take revenge or bear a grudge against your relatives, but you will love your neighbor as yourself." What he means is that if you want to be holy you have to be like Him. God does not punish entire families because one member of the family has sinned. Only the sinner will be punished and only if he does not sincerely repent. And followers of God should not blame a person's family or people simply because that person has committed a crime.

In last week's Gospel we heard Jesus Christ say that he did not come to change or abolish the law, but to transform it to be more in accordance with God's will. Today we have heard him say that the Law of Talion is not enough for the People of God. It is no longer just an "eye for an eye." From now on we must wish well to everyone, even to the enemies and those we hate or who have persecuted and slandered us. This can seem to us to make no sense and, furthermore, to go against the wishes that a person who is attacked or insulted by another person often feels. However, the Lord does not ask us to do what seems good to us or what makes us feel good, but what our Father God who is in heaven does. When we attack and insult him through sin, he continues to love us. For the human being, feeling the recent wound that another person has given him, this concept can be difficult to understand. In reality, the acts and commandments of God sometimes seem to us that they do not make sense or that they go against everything that is normal for human beings. And it is that they are commandments of God and not commandments of the human being. The Supreme Being does not have to try to act like us. We are the ones who should try to resemble Him. The Lord tries to tell us through the Holy Scriptures what we have to do. And the Lord tells us in the Gospel today what we should do: "Love your enemies, do good to those who hate you, and pray for those who persecute and slander you. Thus you will be sons and daughters of the Father who is in heaven, who makes his sun rise on the good and the bad and sends rain on the just and the unjust"

Sisters and brothers, we must always remember that God always helps us in our efforts to be more like him. God loves even the person who hates him and prefers to sin and give in to the temptations of Satan. It gives all of us the opportunity to live with Him eternally rejoicing in His love in heaven. It is important to remember that, knowing us as He knows us; God does not tell us that we have to be perfect immediately, but that we should try to be perfect. He gives all of us, good or bad, the opportunity to amend our lives if necessary and get closer to him.

Octavo Domingo del Tiempo Ordinario

Ciclo A Tomo 3

Lecturas: (L1) Isaías 49,14-15 (L2) 1 Corintios 4,1-5 (Ev) Mateo 6, 24-34

En las Primeras Lecturas de las Misas de los últimos domingos hemos estado escuchando al Señor decir, a través de sus profetas y patriarcas, que debemos estar dispuestos a convertirnos, o sea a cambiar nuestras vidas completamente, si es preciso, dejando el pecado, luchando contra las tentaciones de Satanás y volviendo a Él. Hoy el Profeta Isaías nos describe una escena acogedora. Relata cómo Sión, o sea el Pueblo Escogido, el pueblo judío, clama a su Dios diciendo: "Me ha abandonado el Señor, mi dueño me ha olvidado." Y la respuesta del Señor no solo es compasiva, sino tierna e inmediata. "¿Es qué puede una madre olvidarse de su criatura, no conmoverse por el hijo de sus entrañas? Pues aunque ella se olvide, yo no te olvidaré."

Hermanas y hermanos, que magnánima e inesperada es la respuesta de Dios. Es, además, generosa porque el Pueblo de Dios se había extraviado, como lo hacía a menudo, olvidándose del acuerdo, el llamado testamento, que Dios hizo con ellos: "Ustedes serán mi pueblo y yo seré su Dios". Es un acuerdo sencillo pero poderoso que Dios acordó con los judíos, nuestros antepasados espirituales, cuando el Todopoderoso llamó al Patriarca Abrahán a ser el padre de todos los seguidores del verdadero Dios. Dios escogió este pueblo errante que en los tiempos de Abrahán eran hasta paganos, a ser su pueblo. Este mismo testamento es el que Dios hace con nosotros cuando somos bautizados y nos convertimos en cristianos. Y es el testamento que Dios invoca cuando nos dice "vuelve a mí".

En nuestra Segunda Lectura, San Pablo le dice a los Corintios que deben ser servidores de Cristo y administradores de los misterios de Dios. En otras palabras deben ser Pueblo de Dios en este mundo. También les recuerda que un administrador debe ser fiel al patrón, al dueño de la casa. La razón que Pablo escribió esta carta es que la comunidad cristiana en Corintio había sido divida entre ricos y pobres, entre seguidores de uno u otro predicador o persona importante y los seguidores de otros. Pablo está tratando de decirles que todos son Pueblo de Dios y deben mantenerse unidos. Les ruega que, en nombre de Cristo Jesús, se pongan de acuerdo y terminen las divisiones, encuentren una manera de recuperar la amistad y extiendan la mano a los más necesitados de la comunidad. Por eso dice, "no juzguen antes de tiempo. Dejen que venga el Señor". Lo que quería decir es que nosotros no somos quien para juzgar al prójimo. Tenemos que dejar a Dios que juzgue como mejor le parece. El hará ver lo que se esconde en las tinieblas de las vidas y pondrá al descubierto los designios del corazón. Es Dios quien dará a todos lo que merecen. Esa tarea no pertenece al ser humano.

El Evangelio, siguiendo la idea introducida por las dos lecturas anteriores, nos dice que nadie puede estar al servicio del dinero y de Dios. Debemos tratar de vivir la vida de la manera más cómoda, pero no debemos amontonar tesoros materiales simplemente porque podemos hacerlo. No debemos ostentar nuestra riqueza tentando así a otras personas a pecar de envidia. Dios sabe que en nuestras comunidades el pecado más grave suele ser la envidia. No debemos ser la razón que otras personas caen en ese pecado.

Hermanas y hermanos en Cristo, el Señor, en el Evangelio les dice a sus seguidores que no deben preocuparse tanto por el mañana ya que el futuro traerá su propio agobio. En cuanto mas pensamos en el "que pasara si hago esto o el otro" menos pensamos en lo que estamos haciendo en este momento. En esta vida mientras tenemos un pie en el pasado, al cual nos es difícil, por no decir imposible, volver y otro pie en el futuro, en el cual no estamos aun, nuestro cuerpo sigue en el presente, del cual debe ser el foco de nuestras preocupaciones porque es donde vivimos. Como bien dice el Señor: "Sobre todo busquen el Reino de Dios y su justicia; lo demás se les dará por añadidura."

Eighth Sunday of Ordinary Time

Cycle A Book 3

Readings: (R1) Isaiah 49:14-15 (R2) 1 Corinthians 4:1-5 (Gos) Matthew 6:24-34

In the First Readings of the Masses of the last Sundays we have been listening to the Lord say, through his prophets and patriarchs, that we must be willing to convert, that is, to change our lives completely, if necessary, leaving sin, fighting against the temptations of Satan and turning to God. Today the Prophet Isaiah describes a tender scene. He recounts how Zion, that is, the Chosen People, the Jewish people, criy out to their God saying: "The Lord has abandoned me, my owner has forgotten me." And the Lord's response is not only compassionate, but tender and immediate. "Can a mother forget her child, not be moved by problems of the child of her womb? Well, even if she forgets, I won't forget you."

Sisters and brothers, how magnanimous and unexpected is God's response. It is also generous because the People of God had lost their way, as they often did, forgetting the agreement, the so-called testament, that God made with them: "You will be my people and I will be your God." It is a simple but powerful agreement that God made with the Jews, our spiritual ancestors, when the Almighty called Patriarch Abraham to be the father of all followers of the true God. God chose this wandering tribe many of whom in Abraham's time were pagans, to be his people. This same testament God makes with us when we are baptized and become Christians. And it is the testament that God invokes when he tells us "come back to me."

In our Second Reading, Saint Paul tells the Corinthians that they must be servants of Christ and stewards of the mysteries of God. In other words, they must be the People of God in this world. He also reminds them that an administrator must be faithful to the boss, to the owner of the house. The reason Paul wrote this letter is that the Christian community in Corinth had been divided between rich and poor, between followers of one or another preacher or important person and the followers of others. Paul is trying to tell them that they are all the People of God and they must stick together. He begs them, in the name of Jesus Christ, to reach an agreement and end the divisions, find a way to regain friendship, and reach out to those most in need in the community. That is why he says, "Do not judge ahead of time. Let the Lord come". What he wanted to say is that we are not who should judge others. We have to let God judge as He sees fit. He will show what is hidden in the darkness of life and will reveal the designs of the heart. It is God who will give everyone what they deserve. That task does not belong to the human being.

The Gospel, following the idea introduced by the two previous readings, tells us that no one can be at the service of money and God. We should try to live life in the most comfortable way, but we should not hoard material treasures just because we can. We should not flaunt our wealth, thus tempting other people to be envious. God knows that in our communities the most serious sin is usually envy. We should not be the reason other people fall into that sin.

Sisters and brothers in Christ, the Lord, in the Gospel tells his followers that they should not worry so much about tomorrow since the future will bring its own burden. The more we think "what will happen if I do this or the other" the less we think about what we are doing at this moment. In this life while we have one foot in the past, to which it is difficult, if not impossible, to return and another foot in the future, in which we are not yet, our body continues in the present, of which it should be the focus of our worries because that's where we live. The LLord says: "…above all, seek the Kingdom of God and his justice; the rest will be given in addition."

Noveno Domingo del Tiempo Ordinario

Ciclo A Tomo 3

Lecturas: (L1) Deuteronomio 11,18. 26-28. 32 (L2) Romanos 3, 21-25a. 28 (Ev) Mateo 7, 21-27

En el Evangelio, hemos escuchado a Jesús decirles a sus seguidores que los que quieren seguir sus pasos tienen que mostrar, con hechos, que realmente son sus discípulos. Simplemente diciendo que creen en Él, no basta. Hay un viejo dicho que reza, "Carita de santo, los hechos no tanto". Si queremos ser santos, Dios nos pide vivir nuestra fe con profundidad, guardando los mandamientos, haciendo caridad con los hermanos, desprendiéndonos de las cosas mundanas que nos separan del Señor, confesando nuestros pecados y recibiendo la Sagrada Comunión. Estos hechos, entre muchos otros, no solo muestran que somos cristianos, sino que fortalecen nuestra alma y nos dan la fuerza moral necesaria para seguir adelante en nuestro camino hacia la vida eterna. Cada cristiano tiene que reflexionar seriamente si está viviendo plenamente su fe en Jesucristo, Nuestro Señor, Dios y Salvador. Si está viviendo su fe donde quiera que se encuentre predicará, con hechos y sin palabras, que su vida es digna de emular, que es ejemplar. Pregonar con palabras huecas, sencillamente para que las oigan los demás, o sea, decir que amamos a Cristo sin mostrarlo con obras, tarde o temprano, dejará ver lo contrario.

Hermanas y hermanos, el Señor dijo: "No todo el que me dice: 'Señor, Señor' entrará en el Reino de los Cielos". Puede ser que nos sorprenden estas palabras del Señor a primera vista. Nos resulta demasiado difícil cumplir los mandatos de Jesús y realizarlas en una sociedad en donde muchas personas dicen que la persona que quiere ser fuerte debe optar por la indiferencia, el egoísmo y el narcisismo. Sin embargo, Jesucristo nos dice que estas personas son las que edifican el edifico de su vida en arena. Cuando llegan las tormentas y dificultades de la vida, cuando las cosas se ponen no solo difíciles, sino que parece que son imposibles superar, se derrumben y terminan mal. Pero la persona que edifica sobre la roca de su fe en Cristo, viviendo los valores cristianos que rigen su existencia, su actuación y su comportamiento aguantan las tormentas más agudas. Superan los problemas apoyados por su fe y fortalecidos su carácter y su alma. En la Primera Lectura hemos escuchado las palabras de Dios, que el Profeta Moisés trasmitió al pueblo judío: "Hoy les doy a elegir entre la bendición y la maldición: bendición, si obedecen los mandamientos que yo, el Señor su Dios, hoy les mando obedecer; maldición, si desobedecen los mandamientos del Señor su Dios y se apartan del camino que hoy les mando…" Es para nosotros elegir entre el bien y el mal. Nuestras obras mostrarán lo que hemos elegido.

En nuestro fuero interior, sabemos cuando hacemos algo desinteresadamente, o cuando lo hacemos por querer sacar algún provecho, cuando estamos haciendo algo por el amor y cuando por el egoísmo. Sabemos que otra persona nos puede engañar, alagándonos con palabras engañosas que nos hacen sentir bien y nos convencen que esa persona realmente nos ama. En nuestra vida privada si realmente amamos otra persona, no basta solo con decirle, "te amo" y mostrar todo lo contrario con nuestros hechos. Es necesario mostrar ese amor con gestos y hechos precisos y contundentes. Como reza el refrán: "Obras son amores y no buenas razones". A nosotros, en nuestro juicio final, no seremos juzgados por las veces que hemos dicho que amamos al Señor sino por las obras que muestran que hemos vivido rectamente sus enseñanzas por amor a Él. Lo que hacemos muestra si hemos elegido el bien o el mal.

Hermanas y hermanos, debemos recordar siempre que Dios ni engaña ni se le puede engañar. Sabe cuando estamos haciendo algo por amor a Él y al prójimo. Si todo lo que hacemos es tratar de engrandecernos, haciendo obras porque queremos sacar provecho en una situación, al final de nuestra vida, en nuestro juicio privado, es posible que tengamos que escuchar esas terribles palabras de Nuestro Señor: "¡Aléjate de mí, malvado! Nunca te he conocido.

Ninth Sunday of Ordinary Time

Cycle A Book 3

Readings: (R1) Deuteronomy 11:18, 26-28, 32 (R2) Romans 3:21-25a, 28 (Gos) Matthew 7:21-27

In the Gospel, we have heard Jesus tell his followers that those who want to follow in his footsteps have to show, with deeds, that they really are his disciples. Simply saying that you believe in Him is not enough. There is an old saying that goes, "Faith without works is dead." If we want to be holy, God asks us to live our faith in depth, keeping the commandments, being charitable with our sisters and brothers, detaching ourselves from worldly things that separate us from the Lord, confessing our sins and receiving Holy Communion. These facts, among many others, not only show that we are Christians, but they strengthen our souls and give us the moral strength necessary to move forward on our path to eternal life. Every Christian needs to seriously reflect on whether he is fully living his faith in Jesus Christ, Our Lord, God and Savior. If you are living your faith wherever you are, you will preach, with deeds and without words, that your life is worth emulating, that it is exemplary. Proclaiming with empty words, simply for others to hear, that is, to say that we love Christ without showing him with works, sooner or later, will reveal the opposite.

Sisters and brothers, the Lord said: "Not everyone who says: 'Lord, Lord' will enter the Kingdom of Heaven." These words of the Lord may surprise us at first sight. It seems to be too difficult for us to fulfill the commands of Jesus and carry them out in a society where many people say that the person who wants to be strong must choose indifference, selfishness and narcissism. However, Jesus Christ tells us that these people are the ones who build on sand. When the storms and difficulties of life come, when things are not only difficult, but seemingly impossible to overcome, theire lives collapse and they end badly. But the person who builds on the rock of his faith in Christ, living the Christian values that govern his existenc, his actions and his behavior withstand the most acute storms. They overcome problems supported by their faith and they strengthen their character and soul. In the First Reading we heard the words of God, which the Prophet Moses transmitted to the Jewish people: " "Behold, I set before you this day a blessing and a curse: the blessing, if you obey the commandments of the LORD your God, which I command you this day, and the curse, if you do not obey the commandments of the LORD your God, but turn aside from the way which I command you this day… ." It is for us to choose between good and evil. Our works will show what we have chosen.

Deep down, we know when we do something selflessly, or when we do it out of wanting to gain something, when we are doing something out of love and when out of selfishness. We know that another person can deceive us, praising us with deceptive words that make us feel good and convince us that they really love us. In our private lives if we really love another person, it is not enough just to say, "I love you" while demonstrating through our actions that what we say is not true. We need to show that love with precise and forceful gestures and facts. As the saying goes: "actions speak louder than words." We, in our final judgment, will not be judged by the times we have said that we love the Lord but by the works that show that we have lived his teachings righteously out of love for Him. What we do shows whether we have chosen good or evil.

Sisters and brothers, we must always remember that God neither deceives nor can be deceived. He knows when we are doing something out of love for Him and our neighbor. If all we do is try to show how great we are while doing good works only because we want to profit in a given situation, at the end of our life, in our private judgment, we may have to hear those terrible words from Our Lord: "I never knew you; depart from me, you evildoer."

Primer Domingo de Cuaresma

Ciclo A Tomo 3

Lecturas: (L1) Génesis 2, 7-9; 3,1-7a (L2) Romanos 5,12-19 (Ev) Mateo 4,1-11

Esta semana la Iglesia Católica, nuestra Iglesia, comienza la temporada cuaresmal. No solo es tiempo de penitencia sino también de meditación y de reflexión. La Cuaresma conmemora los cuarenta días que Jesús pasó en el desierto preparándose para su ministerio público con oración y ayuno. El evangelio de hoy nos muestra las tentaciones que Nuestro Señor padeció después de esos cuarenta días y nos deja ver la humanidad de Jesús. Las tentaciones que tuvo el Señor también las tenemos nosotros

. El Maligno conoce muy bien como tentar a cada persona y a cada uno nos tienta de diferente manera. La primera vez que Satanás intervino en la vida de Jesús lo hizo cuando el, Señor después de ayunar cuarenta días, estaba débil y hambriento por eso pretendió cogerlo por la comida. A nosotros trata de hacernos caer en pecado con muchas cosas: la lujuria, las vanidades, el dinero, la bebida, la droga. Sabe tentar muy bien, aprovechando las debilidades y las necesidades de la naturaleza humana. Conoce al ser humano desde los días de Adán y Eva. Sabe que nosotros nos dejamos engañar y también nos dejamos comprar y que, a veces, hasta vendemos nuestra alma por un precio muy barato. No tiene que recurrir a mentiras impresionantes cómo las que usó cuando trató de comprar el alma del Señor. A nosotros nos tienta con pequeñeces. Al Señor lo tentó abiertamente. Nos disfraza las tentaciones de una manera muy sutil. Incluso nos sugiere y nos hace creer que lo que vamos a hacer nos ayudará y nos hará bien. Y así nos dejamos arrastrar hacia el mal. La actitud de Nuestro Señor ante Satanás nos muestra cómo debemos comportarnos nosotros ante las amenazas espirituales de la tentación.

La segunda tentación fue cuando Satanás llevó a Jesús a Jerusalén y lo puso en la parte más alta del templo para tratar de usar la vanidad y la soberbia para hacerle pecar. Pero el Señor no hizo lo que Satanás pretendía que hiciera. Y no fue porque desconfiara de Dios sino porque quiso enseñarnos que debemos ser responsables en nuestra manera de vivir. Podemos pedir a Dios su ayuda pero nosotros somos los que tenemos que resistir al Maligno. En vez de seguir nuestros caprichos y nuestras pasiones, el Señor nos ensena ser firmes ante la tentación. Y también nos muestra que no tenemos que elegir el mal. Podemos resistir las tentaciones ahorrándonos así las muchas desdichas, el remordimiento y la tristeza que nos trae el pecado. Dios nos ha dado la capacidad para construir una vida espiritual fácil y llevadera, simplemente pensando antes de actuar. Es así es como evitamos el pecado.

La tercera tentación fue, quizás, la más atractiva. Le ofreció a Jesús algo que no podía darle: todos los reinos del mundo. El Demonio trata de engañarnos prometiéndonos muchas cosas. Pero son cosas que nunca puede darnos. No nos puede dar el dinero, la fama, el amor, la paz o la felicidad. Cada tentación es un engaño. Satanás sabe que muchos seres humanos tienen la tendencia de querer ser alguien, de querer que otros se arrodillen ante ellos. Eso es lo que Satanás pretendía que hiciera el Señor, y así mostrar su poder sobre él. Afortunadamente hay muchas personas que solo se arrodillan ante Dios. Nosotros debemos no debemos desear la adulación que este mundo nos puede dar. Porque aunque si puede suceder que los premios y las alabanzas aparezcan en nuestras vidas pero muchas veces nos separan de Dios. No sirven para nada si abandonamos a Dios para seguir a Satanás. Nunca sentiremos la felicidad si seguimos al Príncipe de las Mentiras.

No nos dejemos desanimar por las tentaciones porque, si somos fuertes, nada puede hacer Satanás. El Señor siempre está con nosotros y nos ayudará a vencer a Satanás y al mundo como lo hizo Él. Arrodillémonos con humildad ante Dios, eso es lo que nos dará la fuerza para vencer al Maligno.

First Sunday of Lent

Cycle A Book 3

Readings: (R1) Genesis 2:7-9, 3:1-7a (R2) Romans 5:12-19 (Gos) Matthew 4:1-11

This week the Catholic Church, our church, begins the Lenten season. It is not only a time of penance but also of meditation and reflection. Lent commemorates the forty days Jesus spent in the desert preparing for his public ministry with prayer and fasting. Today's gospel shows us the temptations our Lord suffered after those forty days and lets us see the humanity of Jesus. The temptations that the Lord had are also ours

The evil one knows very well how to tempt each person and tempts each one of us in different ways. The first time Satan intervened in Jesus' life he did so after Our Lord had fasted forty days. He was weak and hungry, so Satan decided to tempt him with food. Satan tries to make us commit sin using many things: lust, vanities, money, drink, drugs. He knows how to tempt very well, taking advantage of the weaknesses and needs of human nature. He has known man since the days of Adam and Eve. He knows that we let ourselves be deceived and we also let ourselves be bought and that, sometimes, we even sell our soul for a very cheap price. He doesn't have to resort to impressive lies like the ones he used when he tried to buy the Lord's soul. He tempts us with little things. The Lord was openly tempted. Satan disguises temptations in a very subtle way. He even suggests and makes us believe that what we are going to do will help us and do us good. And so we let ourselves be dragged into evil. Our Lord's attitude to Satan shows us how we should behave in the face of the spiritual threats of temptation.

The second temptation was when Satan took Jesus to Jerusalem and placed him in the highest part of the temple to try to use vanity and pride to make him sin. But the Lord did not do what Satan intended him to do. And it was not because he distrusted God but because he wanted to teach us that we should be responsible in our way of life. We can ask God for his help but we are the ones who have to resist the evil one. Instead of following our whims and passions, the Lord teaches us to be firm in the face of temptation. And it also shows us that we don't have to choose evil. We can resist temptations by saving ourselves from the many misfortunes, remorse and sadness that sin brings us. God has given us the ability to build an easy and bearable spiritual life by simply thinking before acting. That's how we avoid sin.

The third temptation was, perhaps, the most attractive. He offered Jesus something he could not give him: all the kingdoms of the world. The devil tries to deceive us by promising us many things. But these are things he can never give us. He can't give us money, fame, love, peace or happiness. Every temptation is a deception. Satan knows that many human beings have a tendency to want to be someone, to want others to kneel before them. That is what Satan intended the Lord to do, and thus to show his power over him. Fortunately there are many people who only kneel before God. We must not desire the flattery that this world can give us. Because although it may happen that awards and praise will appear in our lives, they oftentimes separate us from God. They are useless if we abandon God to follow Satan. We will never feel happiness if we follow the Prince of Lies.

Let us not be discouraged by temptations because, if we are strong, Satan can't do anything. The Lord is always with us and will help us overcome Satan and the world s just as he did. Let us kneel humbly before God that is what will give us the strength to overcome the evil one.

Segundo Domingo de Cuaresma

Ciclo A Tomo 3

Lecturas: (L1) Génesis 12,1-4 (L2) 2Timoteo 1, 8-10 (Ev) Mateo 5,12.17-19

Hermanas y hermanos, quiero empezar esta homilía recordándoles que hoy es el Segundo Domingo de Cuaresma. Ya sé que todos ustedes ya saben esto pero conviene recordar que esta temporada cuaresmal pasa pronto y no solo existe para dar limosna a los más necesitados y hacer penitencia, enmendando nuestras vidas, si es preciso. No se equivoquen ustedes. No estoy diciendo que esos aspectos de la cuaresma no son importantes para cualquier cristiano. Desde luego que lo son. Lo que quiero decirles es que también es tiempo para meditar sobre los hechos positivos de nuestra vida espiritual. No podemos crecer espiritualmente si, de vez en cuando, no hacemos una pausa en nuestra vida y hagamos un examen de conciencia para ver como llevamos nuestra vida para ver si estamos siguiendo al Señor debidamente.

Durante la temporada de Adviento, la Iglesia nos recuerda, a través de la liturgia y las lecturas, que Jesús era completamente humano. Prueba de este hecho es que nació en Belén de la Virgen María. Vivió en un sitio geográfico concreto que aun existe y que hoy en día llamamos la Tierra Santa. Era un hombre que viajaba por su tierra natal enseñando a todo el mundo como debían seguir a Dios. Sin embargo, fue concebido de una manera extraordinaria. Y esa concepción mostró su proveniencia divina. No solo tenía una naturaleza humana sino también una naturaleza divina. Era una persona con dos naturalezas que coexistieron perfectamente. De no ser así, su nacimiento seria solo el alumbramiento de otro niño humano en un mundo donde centenares de miles de niñas y niños nacen cada día.

Durante la temporada cuaresmal cada año nos enfocamos en otro aspecto de Jesucristo. Como todo ser humano, murió y fue sepultado. Su muerte fue de una manera extremadamente cruel, pero no por eso deja de mostrar que abandonó esta vida humana como todos los seres humanos que somos hijas e hijos de Dios. Nuestro Señor era un hombre pero también es la Segunda Persona de la Santísima Trinidad, el propio Hijo de Dios. A través de su vida y muerte Jesús nos enseñó lo que es ser sencillo y humilde. Desde su nacimiento en Belén hasta el mismo momento de su muerte en la cruz, Nuestro Señor nunca ostentó su poder para pisotear a otros ni para obtener el menor privilegio o ventaja.

San Mateo, en el Evangelio de hoy, nos describe lo que ocurrió en el Monte Tabor cuando Jesús subió al monte con Pedro, Santiago y Juan. Fue lo que hoy en día llamamos la Transfiguración del Señor. Es allí donde contemplaron a Cristo Jesús conversando con Elías y Moisés que también se veían gloriosos como Él. Y es así cómo Nuestro Señor mostró la gloria divina propia de la Segunda Persona de la Santísima Trinidad. La gloria que había ocultado a todo el mundo hasta ese día. No lo hizo porque quería mostrar su poderío sino porque quería mostrarles a los apóstoles que aunque iba ser crucificado, la muerte no tenía poder sobre El. El También quería mostrarles que aunque les había enseñado mucho sobre el amor que debían tener por Dios y el prójimo, Dios mismo, la Segunda Persona de la Santísima Trinidad, iba mostrarle, con su muerte en la cruz, el amor que Dios tiene por toda la humanidad. San Juan nos dice en su Evangelio que Jesús, en la ultima cena, les dijo a los apóstoles, refiriéndose a su propia muerte: "Nadie tiene un amor mayor que este: que dé su vida por sus amigos." (Juan 15, 13)

Si queremos llamarnos cristianos tenemos que seguir el ejemplo de Jesús caminando por la vida mostrando nuestro amor a Dios y al prójimo, llevando la cruz de Jesús a cuestas con alegría. La vida no es fácil de llevar si no creemos en Dios. Incluso creyendo en Dios a veces se nos pone difícil. Pero estamos llamados a vivir la vida con plenitud cristiana, a ir pregonando nuestra santidad con nuestra manera humilde. Hasta en esta sociedad, que se aleja de Dios cada día más, el ejemplo de nuestra buena conducta puede promover un modo más humano de vivir. Sigamos al Señor con alegría proclamando por doquier nuestra fe en Él.

Second Sunday of Lent

Cycle A Book 3

Readings: (R1) Genesis 12:1-4 (R2) 2 Timothy 1:8-10 38 (Gos) Mathew 5:12, 17-19

Sisters and brothers, I want to begin this homily by reminding you that today isthe Second Sunday of Lent. I know that all of you already know this but it should be remembered that this Lenten season goes by fast and that it does not only exist to give alms to the most needy and do penance, amending our lives, if necessary. Make no mistake about it. I am not saying that those aspects of Lent are not important to any Christian. Of course, they are very important. What I want to tell you is that it is also time to meditate on the positive and negative facts of our spiritual life. We cannot grow spiritually if, from time to time, we do not pause in our life and do an examination of conscience to see how we are living our lives, to see if we are following the Lord properly.

During the Advent season, the Church reminds us, through liturgy and readings, that Jesus was fully human. Proof of this fact is that the Virgin Mary was born in Bethlehem. She lived in a specific geographical place that still exists and that today we call the Holy Land. He was a man who traveled through his homeland teaching everyone how they should follow God. However, it was conceived in an extraordinary way. And that conception showed its divine origin. He not only had a human nature but also a divine nature. He was a person with two natures that perfectly coexisted with each other. If this were not true then his birth would haveonly been the birth of another human child in a world where tens of thousands of boys and girls are born every day.

During the Lenten season each year we focus on another aspect of Jesus Christ. Like all human beings, he died and was buried. His death was extremely cruel, but it only shows that he abandoned this human life like all human beings who are daughters and sons of God. Our Lord was a man but he is also the Second Person of the Holy Trinity, the Son of God himself. Through his life and death he taught us what it is to be simple and humble. From his birth in Bethlehem to the very moment of his death on the cross, Our Lord never wielded his power to trample others or to obtain the least privilege or advantage.

Saint Matthew, in today's Gospel, describes to us what happened on Mount Tabor when Jesus went up the mountain with Peter, James and John. It was the so-called Transfiguration of the Lord. It is there that they contemplated Jesus conversing with Elijah and Moses who also looked glorious like Him. And it is there that Our Lord showed the divine glory befitting the Second Person of the Holy Trinity. It was the glory that he had hidden from everyone until that day. He did not do it because he wanted to show his power but because he wanted to show the apostles that although he was going to be crucified, death had no power over him. The Lord also wanted to show them that although he had taught them a lot about the love we should have for God and our neighbor. God himself, the Second Person of the Holy Trinity, would show then the love he has for all humanity by dying on the cross. Saint John tells us in his Gospel that Jesus, at the Last Supper, told the apostles, referring to his own death: "Greater love has no one than this: that one lay down his life for his friends." (John 15, 13)

If we want to call ourselves Christians we have to follow the example of Jesus walking through life showing our love for God and neighbor, carrying the cross of Jesus with joy. Life is not easy to live if we do not believe in God. Even believing in God sometimes makes it difficult for us. Yet, we are called to live a life which is totally Christian, to proclaim our holiness in our humble way. Even in this society, which is distancing itself from God every day, our good conduct can promote a more human way of living. Let us follow the Lord with joy everywhere proclaiming our faith in Him.

Tercer Domingo de Cuaresma

Ciclo A Tomo 3

Lecturas: (L1) Éxodo 17, 3-7 (L2) Romanos 5,1-2. 5-8 (Ev) Juan 4, 5-42

Este tercer domingo de cuaresma seguimos nuestra peregrinación acompañando al Señor en su camino hacia la Cruz y hacia la Resurrección. La temporada cuaresmal la comenzamos hace dos domingos con el relato de las tentaciones que padeció el Señor y cómo las superó. El domingo pasado meditamos el origen del Señor, su concepción y nacimiento y su muerte. Y hablamos sobre las muestras del origen humana y divina de Jesús. Y también meditamos sobre cómo debemos prepararnos para el Domingo de Pascua. Hoy vamos a tomar otro paso definitivo en nuestro caminar con el Señor.

En el Evangelio de hoy San Juan trata de enseñarnos, a través del diálogo entre Jesús y la mujer Samaritana, que todos debemos una sed que solo Dios puede saciar. El relato empieza con un encuentro imprevisto entre Jesús y una mujer Samaritana a una pequeña aldea de Samaria. Samaria está situada al norte de lo que llamamos hoy en día la Tierra Santa. Los judíos decían que los Samaritanos habían sido judíos también pero se habían dejado llevar por religiones ajenas incorporando parte de estas religiones en sus ritos y celebraciones litúrgicas. Por lo tanto, eran considerados como paganos. Así que entre judíos y samaritanos no había ninguna amistad. Las costumbres judías decían que ningún judío debía hablar con un samaritano. Además a los hombres judíos se les era prohibido hablar con una mujer, judía o samaritana, si esta iba sola por la calle. Por eso les extrañó a los apóstoles cuando vieron a Jesús hablando con una samaritana.

El pozo de agua de Sicar les era conocido a los judíos. La tradición judía contaba que había pertenecido a Jacob, uno de los hijos de Isaac, el hijo de Abrahán. Cuando nuestro Señor llegó a la aldea era mediodía. Hacía calor. Jesús y sus seguidores habían andado por los caminos polvorientos de la región toda la mañana. Tenían sed y querían descansar y refrescarse. Nuestro Señor se sentó al borde del pozo. Sabía que los samaritanos, como los judíos, también estaban esperando la llegada del Mesías prometido por los profetas. A pesar de su cansancio, es probable que escogiera ese lugar y ese momento para darse a conocer al pueblo samaritano como ese Mesías prometido, el ungido de Dios, y el Salvador. Y es allí, entre los samaritanos, los casi paganos que los judíos despreciaban y odiaban, que Jesús proclama por primera vez que Él es la fuente única de vida eterna. Le dice a la mujer Samaritana "El que beba de esta agua vuelve a tener sed, pero el que beba del agua que yo le daré no volverá a tener sed".

Los Cristianos, igual que la mujer Samaritana, tenemos sed de Dios. Y, como ella, le rogamos constantemente a Jesús: "Señor, dame de esa agua, para que no sufra más sed...". Muchas personas tratan de saciar esa sed con falsos dioses como el dinero, el poder, la droga y la bebida. Pero cualquiera de estas cosas y otras que la vida nos ofrece son fuentes de agua muerta y estancada. Aunque bebamos constantemente de ella nunca nos saciaremos. Jesús se quedó en Sicar dos días predicando. Después de conocer al Señor, los Samaritanos decían "Nosotros mismos lo hemos oído y estamos convencidos de que es verdaderamente el Salvador del mundo".

Quizás el problema de esta sociedad en que vivimos hoy en día es que conoce poco a Jesucristo. Se habla mucho de Él pero se habla muy poco con Él. Hablar con Nuestro Señor es orar, es mantenernos en oración. Cuaresma es el tiempo para reencontrarnos personalmente con Jesús. No olvidemos el agua que brotó del Corazón de Jesús, agua que sí podemos y debemos beber. Es el agua viva del amor y del perdón pues junto con ella brotó también la sangre de la reconciliación completa y eterna. Es la prueba que nos enseña con más claridad el amor de Jesús hacia nosotros. Es desde la Cruz desde donde silenciosamente Jesús nos dice a todos "quien tenga sed venga a mí y beba". ¡Dichoso quien sabe beber del agua viva que el Señor nos da! ¡Dichoso quien tiene su corazón lleno en el amor a Dios! Ese podrá acercarse con alegría y beber de la fuente inagotable del Señor.

Third Sunday of Lent

Cycle A Book 3

Readings: R1) Exodus 17: 3-7 (R2) Romans 5:1-2, 5-8 (Gos) John 4: 5-42

On this Third Sunday of Lent we continue our pilgrimage as we accompany the Lord on his way to the Cross and to the Resurrection. We began the Lenten season two Sundays ago with the account of the temptations that the Lord endured and how he overcame them. Last Sunday we meditated on the origin of the Lord, his conception and birth and his death. And we talked about the samples of the human and divine origin of Jesus. We also meditated on how we should prepare for Easter Sunday. Today we are going to take another definitive step in our walk with the Lord.'

In today's Gospel Saint John tries to teach us, through the dialogue between Jesus and the Samaritan woman, that we all feel a thirst that only God can quench. The story begins with an unexpected encounter between Jesus and a Samaritan woman in a small village in Samaria. Samaria is located north of what we call today the Holy Land. The Jews said that the Samaritans had been Jews too, but they had been carried away by foreign religions, incorporating part of these religions in their rites and liturgical celebrations. Therefore, they were considered pagan. So between Jews and Samaritans there was no friendship. Jewish customs said that no Jew should speak to a Samaritan. Furthermore, Jewish men were forbidden to speak with any woman, Jewish or Samaritan, if she was walking alone on the street. That is why the apostles were surprised when they saw Jesus speaking with the Samaritan woman.

Sychar's well of water was known to the Jews. Jewish tradition said that it had belonged to Jacob, one of the sons of Isaac, who was the son of Abraham. When our Lord arrived in the village it was midday. It was hot. Jesus and his followers had been walking on the dusty roads of the region all morning. They were thirsty and wanted to rest and cool off. Our Lord sat on the edge of the well. He knew that the Samaritans, like the Jews, were also awaiting the arrival of the Messiah promised by the prophets. Despite his fatigue, it is probable that he chose that place and that moment to make himself known to the Samaritan people as the promised Messiah: God's anointed one, and the Savior. And it is there, among the Samaritans, the quasi-pagans that the Jews despised and hated, that Jesus proclaims for the first time that He is the only source of eternal life. He tells the Samaritan woman "Whoever drinks this water will be thirsty again, but whoever drinks the water that I will give him will never be thirsty again."

Christians, like the Samaritan woman, thirst for God. And, like her, we pray to Jesus: "Lord, give me that water, so that I do not suffer any more thirst ..." Many people try to quench that thirst with false gods like money, power, drugs, and drink. But these things and others that life offers us are sources of dead and stagnant water. Even if we constantly drink from them, we will never be satisfied.

Jesus stayed in Sychar for two days preaching. After meeting the Lord, the Samaritans said "We ourselves have heard him and we are convinced that he is truly the Savior of the world."

Perhaps the problem with this society we live in today is that it knows little about Jesus Christ. Much is said about Him but very little is spoken with Him. To speak with Our Lord is to pray, it is to keep us in prayer. Lent is the time to meet Jesus personally. Let's not forget the water that flowed from the Heart of Jesus, water that we can and must drink. It is the living water of love and forgiveness because along with it sprang the blood of complete and eternal reconciliation. It is the proof that most clearly shows us the love of Jesus towards us. It is from the Cross that Jesus silently tells us all "whoever is thirsty, come to me and drink." Happy is the person who knows how to drink the living water that the Lord gives us! Blessed is he who has a heart filled with the love of God! That person will be able to approach with joy and drink from the inexhaustible source of the Lord.

Cuarto Domingo de Cuaresma

Ciclo A Tomo 3

Lecturas: (L1) 1 Samuel 16, 1. 6-7. 10-13a (L2) Efesios 5, 8-14 (Ev) Juan 9, 1-41

Este Domingo, el Cuarto Domingo de Cuaresma, es conocido universalmente como Domingo Laetare, ya que las primeras palabras de la Antífona de Entrada en latín son "Laetare Jerusalén" que quiere decir en español, "Regocíjate, Jerusalén". Hoy nos recuerda la Iglesia que la alegría es compatible con la mortificación y el dolor. Nos dice de una manera rotunda que la penitencia no es lo que se opone a la alegría, sino la tristeza.

Siempre, pero especialmente durante estos días cuaresmales, el cristiano debe darse a Dios y a los demás a través de la penitencia. Debe tratar de soportar mejor las contrariedades. Dios ama al que, con alegría, acepta el sufrimiento y el dolor. Pero ¡ojo! Procuremos, hermanos y hermanas, que estas semanas de Cuaresma no se transformen nuestros hábitos de penitencia simplemente en simulación. Hagamos penitencia de verdad. No sea que nos vayamos acostumbrando a hacer cosas solo para que sean vistas. No hagamos de nuestras vidas un carnaval.

Procuremos aprender, en estos días y después durante la Semana Santa e incluso a través de todo el año, a ser modestos y sinceros de corazón. Y empecemos a practicarlo primeramente en nuestras propias casas y después en cualquier lugar donde nos movemos a diario. No sea que nos dejemos llevar por la murmuración y la envidia. Lo importante es decidir qué vamos a cambiar nuestras vidas y tratar de ser mejorar nuestras vidas, acercándonos más a Cristo. Y la mejor manera de acercarnos a Nuestro Señor es a través de la oración constante. Los seres humanos nos gusta comunicarnos con otras personas.

Comunicarnos entre nosotros, con familiares y amistades, es como formamos y mantenemos lazos de amor y fraternidad. Y la oración es comunicarnos con Dios, de tú a tú. Podemos ver en los Evangelios que el Señor, durante toda su vida, se dedicó completamente a la oración. Debemos orar todos los días. No cabe duda que la oración es importantísima para aprender a aceptar las cruces de cada día. Si no nos mantenemos en contacto con Dios a menudo, nos será más difícil hacerlo cuando sentimos dudas o pasamos por esos días arduos que son parte de la vida de todo ser humano. Si no rezamos con frecuencia nuestra vida espiritual se debilitará. Por lo tanto, procuremos, en lo que nos queda de estos días de Cuaresma y Semana Santa, acompañar en oración a Cristo en la Cruz. Y tratemos de seguir rezando durante todo el año, como durante esta temporada cuaresmal.

Jesucristo nos pide, precisamente en estos días, experimentar renovación y cambio. Nos pide testimonio de fe y caridad con una conversión sincera. Creer en Jesús es confiar totalmente en él, en sus palabras y en sus consejos. Por eso estos días son perfectos para confesar nuestros pecados. Son días para ordenar nuestras vidas arrepintiéndonos de nuestros pecados, confesándolos y sintiendo remordimiento por ellos. Parte del arrepentimiento es tener el propósito de no cometer ese mismo pecado otra vez. Es mirar hacia el daño que hemos hecho por el pecado a nuestras relaciones con Dios o con el prójimo. El arrepentimiento sincero mira a Dios. Es reconocer que Dios es el único que puede perdonar nuestros pecados. Es el único que puede hacernos personas nuevas y cambiar nuestros corazones. Por otra parte, el remordimiento mira a nosotros. Es sentirse mal por los errores cometidos.

Con una conversión sincera nuestras vidas mejorarán y nos acercaremos más a la cruz de Cristo, que precisamente durante estos días es lo que debemos hacer. Fortalecidos por el sacramento de la penitencia llevaremos nuestra cruz de cada día sin tanto cansancio. Será mucho más ligera para nosotros. Aprenderemos a ser más coherentes en cómo practicamos la justicia, la caridad, el servicio y la tolerancia hacia los otros. Habiendo confesado nuestros pecados, con nuestras vidas renovadas, nos será más fácil dejar a un lado nuestro propio interés, nuestro orgullo, y nuestro "yo". Abracemos con alegría la cruz de Cristo. Ella nos librará de la mediocridad y la esclavitud. Y al abrazarla nos hará libres.

Fourth Sunday of Lent

Cycle A Book 3

Readings: (R1) 1 Samuel 16:1, 6-7, 10-13 (R2) Ephesians 5:8-14 (Gos) John 9:1-41

This Sunday, the Fourth Sunday of Lent, is universally known as Laetare Sunday, since the first words of the Entrance Antiphon in Latin are "Laetare Jerusalem" which means in English, "Rejoice, Jerusalem." Today the Church reminds us that joy is compatible with mortification and pain. It tells us in a resounding way that penance is not what is opposed to joy, but sadness.

Always, but especially during these Lenten days, Christians must give themselves to God and to others through penance. You should try to better bear setbacks. God loves people who joyfully accept suffering and pain. But beware! Let us not allow, brothers and sisters, that these weeks of Lent transform penitential acts into simple pretense. Let's do penance for real, lest we get used to doing things just to be seen. Let's not make a carnival of our lives.

Let us try to learn, these days and later during Holy Week and even throughout the year, to be modest and sincere of heart. And let's start practicing it first in our own homes and then in any place where we move every day. Let us not get carried away by gossip and envy. The important thing is to decide that we are going to change our lives and try to improve our lives, drawing us closer to Christ. And the best way to get closer to Our Lord is through constant prayer. Human beings like to communicate with other people.

Communicating with each other, with family and friends, is how we form and maintain bonds of love and brotherhood. Prayer is communicating with God, on a personal basis. We can see in the Gospels that the Lord, throughout his life, devoted himself completely to prayer. We must also pray every day. There is no doubt that prayer is very important to learn to accept the crosses of each day. If we do not keep in touch with God often, it will be more difficult for us to do so when we feel doubts or go through those hard days that are part of the life of every human being. If we don't pray often our spiritual life will weaken. Therefore, let us try, in what remains of these days of Lent and Holy Week, to accompany Christ on the Cross in prayer. And let's try to continue praying throughout the year, as during this Lenten season.

Jesus Christ asks us, precisely during these days, to experience renewal and change. He asks us for witness of faith and charity with a sincere conversion. To believe in Jesus is to trust totally in him, in his words and in his advice. These days are perfect for confessing our sins. These are days to order our lives by repenting of our sins, confessing them and feeling remorse for them. Part of repentance is resolving not to commit that same sin again. It is looking at the damage we have done by sin to our relationships with God or with others. Sincere repentance looks to God. It is recognizing that God is the only one who can forgive our sins. He is the only one who can make us new people and change our hearts. On the other hand, remorse looks towards us. It is feeling bad about the mistakes made in our life.

With a sincere conversion our lives will improve, we will become stronger and we will get closer to the cross of Christ, which is precisely during these days what we must do. Strengthened by the sacrament of penance, we will carry our cross each day without tiring. It will be much lighter for us. We will also learn to be more consistent in how we practice justice, charity, service to others, and tolerance towards others. Having confessed our sins and with our lives renewed, it will be less difficult for us to put aside our self-interest, our pride, and our "self." Let us joyfully embrace the cross of Christ. It will free us from mediocrity and slavery. And embracing it will set us free.

Quinto Domingo de Cuaresma

Ciclo A Tomo 3

Lecturas: (L1) Ezequiel 37, 12-14 (L2) Romanos 8, 8-11 (Ev) Juan 11, 1-45

Hermanas y hermanos en Cristo, las lecturas de este domingo nos hablan de la conversión. Al pecar, damos la espalda a Dios. Convertirnos quiere decir volver toda nuestra vida a Dios. La Cuaresma sirve para que sepamos en qué consiste la conversión. La conversión es un don de Dios.

El sentido común nos dice que la muerte es inevitable y que puede ocurrir repentinamente. Por eso nuestra fe Católica nos advierte que hay un gran peligro en retrasar la confesión y, por consiguiente, la conversión, aplazándola día a día engañosamente. Nuestra fe católica nos dice que estar en pecado y dejar para mañana lo que debemos hacer lo antes posible es peligroso. Debemos arrepentirnos inmediatamente, en el momento presente, confesar nuestros pecados y hacer penitencia por nuestros pecados. De no ser así, nos sometemos a un grave riesgo. Es jugar con nuestra propia salvación.

La conversión es un alejamiento del pecado que incluye un cambio radical en los sentimientos del corazón, o sea, en nuestro obrar, nuestro pensar, nuestro vivir, nuestro sentir. Es subordinar toda nuestra vida a la voluntad de Dios. Por eso, lo primero que el ser humano debe hacer, especialmente en estos días de Cuaresma, días de conversión y santificación, es acudir al Sacramento de la Confesión. No solo para confesar que ha pecado, sino para decirle a Dios "Necesito tu perdón. Pero también necesito transformar mi vida completamente." Esto para muchos puede resultarles muy difícil, especialmente si aún no han dejado su amor propio y su soberbia. Tenemos la tendencia de confiar mucho en nosotros mismos, de posponer algo tan importante como cambiar la vida y dejar el pecado. Dejar el pecado y arrepentirse es rechazar, además del pecado que hemos cometido, la injusticia, la mentira, y la falsedad. Es convertirnos en personas completamente nuevas. Esta Cuaresma que ya termina consiste en haber hecho una conversión y un firme propósito de seguir completamente el llamado de Cristo.

Aún estamos a tiempo de dejar, con una buena conversión, el egoísmo, la intolerancia y todo lo que hemos hecho mal en nuestras vidas. La Iglesia, fiel a la enseñanza de la Sagrada Escritura, nos urge a un cambio. Nos dice que cuando vayamos a la iglesia, debemos acudir con nuestras almas limpias a recibir a Cristo en la Sagrada Comunión. Si no lo hacemos de esta manera la Pascua nunca se convertirá en realidad para nosotros. Pasará la Semana Santa y la Pascua lo mismo que pasaron los días de cuaresma. Será una temporada de ritos vacíos, sin sentido. No habrá fundamento espiritual. Si nos falta la fe pascual que nos convierte a ser verdaderos seguidores de Cristo, poco a poco comenzaremos a guardar rencor, a aborrecer a todo y a todos, especialmente a los que no hacen lo que a nosotros nos conviene o nos gusta.

Nos acercamos a la Pascua, pero aún no hemos llegado a ella. El domingo que viene, Domingo de Ramos, comienza la Semana Santa. Sería una verdadera lástima dejar este tiempo litúrgico de la Cuaresma sin haberlo aprovechado, quedándose simplemente como un trámite necesario para llegar al gozoso tiempo de la Pascua. Por desgracia, son muchos los cristianos que no reconocen el significado de este tiempo cuaresmal. No reconocen que es tiempo para renovar nuestras conciencias, nuestros criterios y nuestras actitudes. La Cuaresma nos recuerda nuestra caducidad, nos da tiempo para reflexionar sobre nuestras vidas y cambiarlas. Nos pone en relieve la acción santificante y purificadora de la gracia divina, la gracia que renueva completamente nuestras vidas, la gracia que recibimos en los sacramentos.

Pidamos a la Virgen María que nos ayude a reconocer con sinceridad nuestras faltas y pecados, a tener una conciencia delicada que pide perdón y no justifica sus errores. Y sigamos los consejos de San Francisco de Sales que dijo: "Ten verdadero dolor de los pecados que confiesas, por leves que sean, y arrepiéntete de ellos con prontitud."

Fifth Sunday of Lent

Cycle A Book 3

Readings: (R1) Ezekiel 37:12-14 (R2) Romans8:8-11 (Gos) John 11:1-45

Sisters and brothers in Christ, the readings for this Sunday talk to us about conversion. By sinning, we turn our backs on God. To convert means to return our whole life to God. Lent helps us know what conversion consists of. Conversion is a gift from God.

Common sense tells us that death is inevitable and can happen suddenly. That is why our Catholic faith warns us that there is great danger in delaying confession and, consequently, conversion, deceptively postponing it day after day. Our Catholic faith tells us that being in sin and putting off what we must do as soon as possible is dangerous. We must immediately repent, now, confess our sins, and do penance for them. If not, we are putting ourselves at serious risk. We are playing with our own salvation.

Conversion is a departure from sin that includes a radical change in the feelings of the heart, that is, in our actions, our thinking, our living, and our feelings. It is subordinating all of of our life to the will of God. Therefore, the first thing that human beings must do, especially in these days of Lent, days of conversion and sanctification, is to go to the Sacrament of Confession. Not only to confess that he has sinned, but to tell God "I need your forgiveness. But I also need to transform my life completely." This can be very difficult for many, especially if they have not yet left behind their self-esteem and pride. We tend to trust ourselves a lot, to put off something as important as changing our lives and giving up sin. To leave sin and repent is to reject, in addition to the sin we have committed, injustice, lies, and falsehood. It is becoming completely new person. This Lent that is now ending consists of having made a conversion and a firm determination to fully follow the call of Christ.

We are still in time to leave through conversion, selfishness, intolerance and everything we have done wrong in our lives. The Church, faithful to the teaching of Sacred Scripture, urges us to change. It tells us that when we go to church, we should go with clean souls to receive Christ in Holy Communion. If we don't do it this way, Easter will never come true for us. Holy Week and Easter will pass the same as the days of Lent. It will be a season of empty rites, meaningless. There will be no spiritual foundation. If we lack the Easter faith that converts us to be true followers of Christ, little by little we will begin to hold grudges, to hate everything and everyone, especially those who do not do what is convenient for us or what we like.

We are approaching Easter, but we have not yet reached it. Next Sunday, Palm Sunday, Holy Week begins. It would be a real shame to leave this liturgical season of Lent without having taken advantage of it, allowing it to be just a necessary step to arrive at the joyous time of Easter. Unfortunately, many Christians do not recognize the significance of this Lenten season. They do not recognize that it is a time to renew our consciences, our criteria and our attitudes. Lent reminds us that we are mortal; it gives us time to reflect on our lives and change them. It highlights for us the sanctifying and purifying action of divine grace, the grace that completely renews our lives, the grace that we receive in the sacraments.

Let us ask the Virgin Mary to help us sincerely recognize our faults and sins, to have a delicate conscience that asks for forgiveness and does not justify its mistakes. And let us follow the advice of Saint Francis de Sales who said: "Have real sorrow for the sins you confess, however slight, and repent of them promptly."

Domingo de Ramos en la Pasión del Señor

Ciclo A Tomo 3

Lecturas: (Ev1) Mateo 21,1-11 (L1) Isaias 50, 4-7 (L2) Filipenses 2,6-11 (Ev2) Mateo 26,14-27, 66

Hoy celebramos el Domingo de Ramos en la Pasión del Señor. Las palmas bendecidas son un símbolo que nos enseña dos cosas que quizás nos parezcan un poco contrapuestas: el triunfo y el martirio de Nuestro Señor, Dios y Salvador, Jesucristo. Antes del Concilio Vaticano II, se celebraba la entrada triunfante del Señor a Jerusalén el Domingo de Ramos. Y el domingo siguiente, Domingo de la Pasión, se conmemoraba la Pasión y Muerte del Señor. En la actualidad, al celebrar la Iglesia estos dos acontecimientos en un mismo Domingo de Ramos en la Pasión del Señor, encontramos en nuestro corazón una profunda contradicción de sentimientos. Entramos a la Misa en procesión con cantos y júbilo festejando la entrada triunfal de Nuestro Señor a Jerusalén. Y salimos de la Misa después de haber escuchado en el Evangelio el triste relato de la Pasión, Muerte y Sepultura de Jesús. De esta manera pasamos directamente de la dulce alegría a la amarga tristeza. ¡Qué contraste!

Nuestra vida también es una mezcla de triunfos y derrotas. Claro que la alegría de sentir el éxito y el triunfo es el sentimiento más grande y más buscado del ser humano. Pero, aunque buscamos siempre la felicidad, Jesucristo sabe que en nuestras vidas es el dolor y la tristeza lo que más abunda. Sabe que vivimos en un valle de lágrimas. Por eso nos dice que dejemos las cosas de esta vida y aprendamos a llevar nuestra cruz como llevó Él la suya. También quiere que sepamos que de la tristeza de Viernes Santo surge la alegría de la Pascua. Nuestra fe nos da la esperanza que está simbolizada en las palmas que luego llevaremos a nuestros hogares. Es interesante recordar que de las palmas de Domingo de Ramos del año vigente se hace la ceniza que se impone a los fieles el Miércoles de Ceniza del año siguiente. Esto no solo enlace un año con otro sino que nos recuerda que si queremos triunfar con Cristo tenemos que hacer penitencia sintiendo un profundo dolor en nuestra alma por nuestros pecados.

Jesús hizo su entrada en Jerusalén como Rey de la Gloria. Muchos siglos antes el Profeta Zacarías había profetizado que el Rey entraría triunfante en esta ciudad. Recordando con fe y devoción la entrada triunfal de Jesucristo en la Ciudad Santa, hemos venido aquí hoy para acompañarle con nuestros cantos y nuestra alegría. Pero también hemos venido para acompañarle en su dolor, para decirle que somos conscientes de lo mucho que hizo, y sigue haciendo, por nosotros.

Es por esta razón que nosotros también debemos salir al encuentro de Cristo. Debemos acompañarle ascendiendo al Monte de los Olivos desde donde comenzó su entrada triunfal a Jerusalén. Y desde donde comenzó su Pasión y Muerte tras la traición de Judas Iscariote. El mismo Jesucristo que fue libremente hacia Jerusalén en triunfo es el mismo que entro a la ciudad después como preso. Por nosotros, los seres humanos, bajó del cielo para levantarnos de lo más profundo del pecado y colocarnos con Él en el paraíso. Pero también debemos recordar que nació de la Virgen María por nosotros, los seres humanos. Por ser pecadores nosotros el Señor tuvo que rescatarnos con su muerte de la muerte que trae el pecado.

El Señor no llegó a este mundo nuestro buscando su gloria por medio de la pompa o la fastuosidad. Llegó sin ostentación, humilde. Y a nosotros nos pide que seamos también humildes de corazón y que no busquemos la espectacularidad en nuestro entorno. Solo así, podremos salir al encuentro de Cristo. No para extender por el suelo las palmas, ramos de olivo y capas como lo hicieron los israelitas, sino para postrarnos nosotros mismos ante Él, en una disposición humilde y con un propósito sincero: acoger al Verbo Divino en nuestra alma, en nuestro corazón.

Hermanas y hermanos, reconociendo que somos pecadores buscando la reconciliación y la santidad, dispongámonos ahora a inaugurar, en comunión con toda la Iglesia, los misterios de la Pasión, Muerte y Resurrección de Jesucristo - misterios que empezaron con la solemne entrada del Señor en Jerusalén.

Palm Sunday of the Lord's Passion

Cycle A Book 3
Readings: (Gos1) Matthew 21:1-11 (R1) Isaiah 50:4-7 (R2) Philipiansl 2:6-11
(Gos2) Matthew 26:14-27, 66

Today we celebrate Palm Sunday in the Passion of the Lord. The blessed palms are a symbol that teaches us two things that perhaps seem a bit opposed to us: the triumph and the martyrdom of Our Lord, God, and Savior, Jesus Christ. Before the Second Vatican Council, the Lord's triumphant entry into Jerusalem was celebrated on Palm Sunday. And the following Sunday, Passion Sunday, the Passion and Death of the Lord was commemorated. Today, as the Church celebrates these two events on the same Palm Sunday in the Passion of the Lord, we find in our hearts a profound contradiction of feelings. We entered the Mass in procession with songs and jubilation celebrating the triumphal entry of Our Lord into Jerusalem. And we left the Mass after having heard in the Gospel the sad story of the Passion, Death and Burial of Jesus. In this way we go directly from sweet joy to bitter sadness. What a contrast!

Our life is also a mixture of triumphs and defeats. Of course, the joy of feeling success and triumph is the greatest and most sought-after feeling of human beings. But, although we always seek happiness, Jesus Christ knows that in our lives it is pain and sadness that abound the most. He knew that we live in a valley of tears. That is why He asks us to cast aside the things of this life and learn to carry our cross as He carried His. He also wants us to know that from the sadness of Good Friday comes the joy of Easter. Our faith gives us the hope that is symbolized in the palms that we will take home. It is interesting to remember that from the palms of Palm Sunday of the current year the ash is made that is imposed on the faithful on Ash Wednesday of the following year. This not only ties one year with the next, it also reminds us that if we want to triumph with Christ we have to do penance feeling a deep pain in our soul for our sins.

Jesus made his entry into Jerusalem as King of Glory. Many centuries earlier the Prophet Zachariah prophesied that the King would enter this city in triumph. Remembering with faith and devotion the triumphal entry of Jesus Christ into the Holy City, we have come here today to accompany him with our songs and our joy. But we have also come to accompany him in his pain, to tell him that we are aware of how much he did, and continues to do, for us.

It is for this reason that we too must go out to meet Christ. We must accompany him ascending the Mount of Olives from where he began his triumphal entry into Jerusalem. And from where his Passion and Death began after the betrayal of Judas Iscariot. The same Jesus Christ who went freely to Jerusalem in triumph is the same one who later entered the city as a prisoner. For us human beings, He came down from heaven to raise us up from the depths of sin and place us with Him in paradise. But we must also remember that he was born of the Virgin Mary for us human beings. Because we are sinners, the Lord had to rescue us with his death from the death that sin brings.

The Lord did not come to this world of ours seeking glory through pomp or lavishness. He arrived without ostentation, humble. And he asks us to also be humble of heart and not look for the spectacular in our surroundings. Only in this way can we go out to meet Christ. Not to spread palms, olive branches and capes on the ground as the Israelites did, but to prostrate ourselves before Him, in a humble disposition and with a sincere purpose: to welcome the Divine Word into our soul, into our heart.

Sisters and brothers, recognizing that we are sinners seeking reconciliation and holiness, let us now prepare to inaugurate, in communion with the whole Church, the mysteries of the Passion, Death and Resurrection of Jesus Christ - mysteries that began with the solemn entrance of the Lord into Jerusalem .

Domingo de Resurrección

Ciclo A Tomo 3

Esta homilía se puede usar en cualquiera de las Misas de Domingo de Resurrección.

¡Cristo ha resucitado! ¡Aleluya!

Para nosotros, los cristianos, ningún otro acontecimiento ha sido reconocido y registrado en la historia del mundo comparable al que tuvo lugar aquella mañana de domingo cuando las mujeres descubrieron que el sepulcro de Nuestro Señor estaba vacío. Con la Resurrección del Señor nace una nueva etapa en la historia salvífica de la humanidad, un nuevo capítulo en la historia del amor que Dios siente por nosotros.

En los Hechos de los Apóstoles, San Pedro les dice a los ciudadanos de Jerusalén que los apóstoles y discípulos de Jesús comprobaron personalmente su resurrección. Vivieron con Él antes de su muerte y comieron y bebieron con Él después de su resurrección. Nosotros, como ellos, también creemos que Cristo resucitó. Y como San Pedro, y los demás apóstoles, tratamos de cumplir con lo que el Señor nos encargó. Predicamos el Evangelio con el ejemplo y la palabra y damos testimonio de que Él es Dios, el juez de vivos y muertos, el único que puede perdonar los pecados a todos los que creen en Él. Pero cuidado. No nos confundamos, como muchas personas, pensando que simplemente con decir "Creo en Cristo" ya estamos salvados. No podemos pensar que como hemos dicho que creemos en Él ya estamos a salvo. San Pablo les dice a los cristianos colosenses que busquen los bienes de arriba, en una palabra, que busquen a Cristo. Y buscar a Cristo no es solamente decir que creemos en Él. Es seguirle en lo fácil y en lo difícil, es cargar con las cruces que nos vienen y ofrecérselas a Él con resignación. Cristo ya está en el cielo, sentado, en todo su esplendor, a la derecha de Dios Padre. Y los que le han seguido fiel y dignamente disfrutarán de su compañía en gloria, cuando dejan esta vida caduca y entran en la vida eterna. Nuestro Señor nos llama a transformarnos, a seguir intentando cada día superarnos, a ser constantes en nuestro compromiso a ser tan fieles a Dios como lo es Dios a nosotros.

Hoy debe ser para los cristianos un día de alegría y de paz. Muchos cristianos, durante la Cuaresma que hemos dejado atrás, nos hemos ido preparando para este día sin igual con una buena confesión. Hoy recibiremos, con dignidad y serenidad, la Sagrada Eucaristía. Tenemos el gran privilegio de recibir la inmensidad del Cuerpo y la Sangre de Nuestro Señor en el banquete más grande que hay en este mundo: la Santa Misa. Para los que no se han confesado aun, les digo que nunca es tarde para la conversión. Nunca es tarde para enmendar nuestra vida, si es preciso, experimentando la alegría de saber que nuestros pecados han sido absueltos. Nunca es tarde para poder recibir la Santa Comunión en gracia.

En esta Misa que estamos celebrando juntos con alegría, habrán notado que hay cambios. Hemos colocado el cirio pascual en un lugar de honor, cerca del altar mayor. Esta noche (anoche) esta iglesia quedó a oscuras. Fuera de la iglesia fue bendecido el fuego y encendido el cirio. Después el Cirio Pascual se trajo en procesión hasta el altar mayor mientras cantábamos tres veces "Luz de Cristo". Esta parte de la Misa de Vigilia nos recuerda que antes de la venida de Nuestro Señor Jesucristo, muerto en la cruz por nuestros pecados y hoy resucitado en toda su gloria, la humanidad estaba completamente en tinieblas. La entrada del Cirio Pascual en la oscuridad de la iglesia nos muestra que Cristo es la verdadera luz del mundo y que solamente Él puede iluminar nuestras vidas.

Hoy también es un día grande porque celebramos la entrada en nuestra Iglesia Católica de muchos nuevos hermanas y hermanos cristianos. Han pasado mucho tiempo estudiando nuestra fe y hoy vienen a nuestra Iglesia con verdadero júbilo, dispuestos a recibir el Cuerpo y la Sangre del Señor después de haber sentido la alegría de recibir el perdón y la gracia de Dios. Nos alegra saber que ellos también han sido iluminados por la luz de Cristo quien con su muerte y resurrección ha destruido la oscuridad del pecado. Él es el único que puede salvarnos, el fuego que arde constantemente y que nunca se apaga.

Easter Sunday

Cycle A Book 3

This homily may be used for any of the Easter Masses.

Christ has risen! Alleluia!

For us Christians, no other event has been recognized and recorded in world history comparable to that which took place that Sunday morning when the women discovered that Our Lord's tomb was empty. With the Resurrection of the Lord a new stage is born in the saving history of humanity, a new chapter in the history of the love that God feels for us.

In the Acts of the Apostles, St. Peter tells the citizens of Jerusalem that the apostles and disciples of Jesus personally verified his resurrection. They lived with him before his death and ate and drank with him after his resurrection. We, like them, also believe that Christ has risen. And like Saint Peter, and the other apostles, we try to do what the Lord asks of us. We preach the Gospel by example and word and bear witness that He is God, the judge of the living and the dead, the only one who can forgive the sins of all those who believe in Him. But be careful. Let's not get confused, like many people, thinking that simply by saying "I believe in Christ" we are already saved. We cannot think that since we have said that we believe in Him we are already saved. St. Paul tells the Colossian Christians that they must seek the goods that come from above, in a word, to seek Christ. And seeking Christ is not just saying that we believe in Him. It is following Him through easy and difficult times; it is carrying the crosses that come to us and offering them to Him with resignation. Christ is already in heaven, seated, in all his splendor, at the right hand of God the Father. And those who have followed him faithfully and worthily will enjoy his company in glory, when they leave this life and enter eternal life. Our Lord calls us to transform ourselves, to continue trying every day to improve ourselves, to be constant in our commitment to be as faithful to God as God is to us.

Today should be for Christians a day of joy and peace. Many Christians, during the Lent that we have left behind, we have been preparing for this unique day with a good confession. Today we will receive, with dignity and serenity, the Holy Eucharist. We have the great privilege of receiving the immensity of the Body and Blood of Our Lord at the greatest banquet in this world: the Holy Mass. For those who have not yet confessed, I tell you that it is never too late for conversion. It is never too late to amend our lives, if necessary, experiencing the joy of knowing that our sins have been absolved. It is never too late to be able to receive Holy Communion in grace.

In this Mass that we are celebrating together with joy, you will have noticed that there are changes. We have placed the paschal candle in a place of honor, near the main altar. Tonight (last night) this church was dark. Outside the church the fire was blessed and the candle lit. Afterwards the Paschal Candle was brought in procession to the main altar while we sang "Light of Christ" three times. This part of the Vigil Mass reminds us that before the Our Lord Jesus Christ came, dying on the cross for our sins and today risen in all his glory, humanity was completely in darkness. The entrance of the Paschal Candle into the darkness of the church shows us that Christ is the true light of the world and that only He can illuminate our lives.

Today is also a great day as we celebrate the entry into our Catholic Church of many new Christian sisters and brothers. They have spent a lot of time studying our faith and today they come to our Church with true joy, they are ready to receive the Body and Blood of the Lord after having felt the joy of receiving God's forgiveness and grace. We are happy to know that they too have been enlightened by the light of Christ who with his death and resurrection has destroyed the darkness of sin. He is the only one who can save us, the fire that burns constantly and never goes out.

Segundo Domingo De Pascua

Ciclo A Tomo 3

Lecturas: (L1)Hechos 5, 12-16 (L2)Apocalipsis 1, 9-11a 12-13 17-19 (Ev) Juan 20, 19-31

Hoy no solo es el Segundo Domingo de Pascua. También es el Domingo de la Divina Misericordia. El Evangelio de hoy nos muestra la fe que debemos tener en el Señor y la misericordia que muestra El para con todos sus seguidores.

San Juan nos narra en su Evangelio cómo Jesús, después de haber resucitado se apareció a sus apóstoles en dos veces consecutivas. La primera vez, se encontraban orando con las puertas cerradas porque tenían miedo de las autoridades. Y es natural. Sabían que si las autoridades habían matado al Maestro también podían matarlos a ellos porque eran sus seguidores. La Santísima Virgen también estaba con ellos. En la primera aparición, se presentó el Señor inesperadamente. Y, dirigiéndose a los allí reunidos, les dijo, "La paz esté con ustedes". Claramente demuestra el Señor, incluso a los que no tienen fe, que para Él nada es imposible.

En esta aparición no estaba Tomás con el resto de los apóstoles. No tuvo esa gran dicha de ver al Señor ni de escuchar las maravillosas y consoladoras palabras que Jesús pronunció para animarles y darles fortaleza. Cuando los otros apóstoles le contaron a Tomás que había resucitado el Maestro, no pudo creerles. No fue porque Tomás no amaba al Señor ni tampoco porque no tenía fe. A Tomás le afectó, quizás más que a los otros apóstoles, los acontecimientos que ocurrieron entre el Jueves Santo que fue detenido el Señor y el Viernes Santo cuando murió. Ver a su Maestro detenido, juzgado y crucificado fue terrible para él. Todas sus esperanzas y su amor murieron con Cristo en la Cruz.

Tomás siempre demostró su fidelidad al Maestro. Una de las veces que Jesús decidió ir a Betania, algunos de los apóstoles le dijeron, "Hace poco los judíos querían matarte a pedradas, ¿y otra vez quieres ir allá?" (Juan 11,8) Fue Tomás el que les dijo a los otros apóstoles: "Vamos también nosotros y moriremos con él." (Juan 11, 16) Y cuando el Señor en la Ultima Cena les dijo a los apóstoles que iba volver al Padre, pensaba Tomas que Jesús se marchaba sin decirles a donde iba y le dijo al Señor: "No sabemos a dónde vas como vamos a saber el camino." (Juan 14, 5) quería seguir a Jesús pero no sabía cómo lograrlo. Viernes Santo Tomás tuvo una gran decepción al ver que el Señor había muerto Al contemplar la Crucifixión del Señor, Tomás sufrió terriblemente. Pensó que el Señor se había marchado definitivamente y que no volvería jamás. Es por eso que cuando los otros apóstoles le dijeron, "hemos visto al Señor", Tomás no pudo creerlo. Es la incredulidad de una persona que no quiere creer porque no quiere sentir, otra vez, la terrible herida emocional que había sentido antes cuando se enteró que Jesús había muerto en la cruz, incapaz de salvarse a sí mismo.

Cuando el Señor se apareció el Domingo después de su Resurrección, estando Tomás con los otros, le dijo "no sigas dudando, sino cree". No lo dijo con rencor ni estaba regañándole. Se lo dijo con amor y misericordia, ya que sabía lo que había sufrido Tomas. La respuesta inmediata y llena de fe de este discípulo humilde fue "¡Señor mío y Dios mío!" Y lo dijo con el amor intenso del que sabe que nunca más sentirá la amargura de la separación del Señor.

Lo que la Iglesia nos pide a través del Evangelio hoy que tengamos fe en la misericordia del Señor. Nos dice que, a pesar de todas las amarguras que nos puede dar la vida, debemos seguir creyendo en todo lo que el Señor nos ha prometido. En su misericordia no nos defraudara. Al volver a su lado, no nos reganara, ni nos mostrara rencor. Al contrario, nos acogerá como Jesús acoge a Tomas, diciéndonos, "Sigo esperando que vuelvas a mi lado. No sigas dudando en mí, sino cree en mi amor por ti, cree en mi misericordia". Dichosos los que creen en el Señor.

Second Sunday of Easter

Cycle A Book 3

Readings: (R1) Acts 2:42-47 (R2) 1 Peter 1:3-9 3) John 20:19-31

Today is not only the Second Sunday of Easter. It is also Divine Mercy Sunday. Today's Gospel shows us the faith we should have in the Lord and the mercy that He shows towards all his followers.
Saint John tells us in his Gospel how Jesus, after being resurrected, appeared to his apostles twice in succession. The first time, they found themselves praying with the doors closed because they were afraid of the authorities. And it is natural. They knew that if the authorities had killed the Master they could also kill them because they were his followers. The Blessed Virgin was also with them. At the first appearance, the Lord appeared unexpectedly. And, addressing those gathered there, he said, "Peace be with you." The Lord clearly demonstrates, even to those without faith, that nothing is impossible with Him.

In this apparition Thomas was not with the rest of the apostles. They did not have the great joy of seeing the Lord or hearing the wonderful and comforting words that Jesus spoke to encourage them and give them strength. When the other apostles told Thomas that the Master had risen, he could not believe them. It was not because Thomas did not love the Lord or because he did not have faith. Thomas was affected, perhaps more than the other apostles, by the events that occurred between Holy Thursday when the Lord was arrested and Good Friday when he died. Seeing his Master arrested, tried and crucified was terrible for him. All their hopes and their love died with Christ on the Cross.

Thomas always demonstrated his fidelity to the Master. One of the times that Jesus decided to go to Bethany, some of the apostles said to him, "Recently the Jews wanted to stone you to death, and do you want to go there again?" (John 11, 8) It was Thomas who said to the other apostles: "We also go and we will die with him." (John 11, 16) And when the Lord at the Last Supper told the apostles that he was going to return to the Father, Tomas thought that Jesus was leaving without telling them where he was going and said to the Lord: "We don't know where you are going as we are going to know the way. " (John 14: 5) He wanted to follow Jesus but did not know how to achieve it. Good Friday Thomas was greatly disappointed to see that the Lord had died. As he contemplated the Crucifixion of the Lord, Thomas suffered terribly. He thought that the Lord had definitely left and would never return. That is why when the other apostles told him, "We have seen the Lord," Thomas could not believe it. It is the unbelief of a person who does not want to believe because he does not want to feel, again, the terrible emotional wound that he had felt earlier when he learned that Jesus had died on the cross, unable to save himself.

When the Lord appeared on Sunday after his Resurrection, while Thomas was with the others, he told him "do not continue doubting, but believe." He didn't mean it with a grudge nor was he scolding him. He told him with love and mercy, since he knew what Tomas had suffered. The immediate and faith-filled response of this humble disciple was "My Lord and my God!" And he said it with the intense love of one who knows that he will never again feel the bitterness of separation from the Lord.

What the Church asks of us through the Gospel today that we have faith in the Lord's mercy. It tells us that, despite all the bitterness that life can give us, we must continue to believe in all that the Lord has promised us. In his mercy he will not let us down. Upon returning to his side, he will not scold us, nor show us any grudge. Rather, he will welcome us as Jesus welcomes Tomas, telling us, "I keep waiting for you to come back to my side. Do not continue doubting me and believe in my love for you, believe in my mercy". Blessed are those who believe in the Lord.

Tercer Domingo de Pascua

Ciclo A Tomo 3

Lecturas: (L1) Hechos 2, 14. 22-28 (L2) 1 Pedro 1, 1-21 (Ev) Lucas 24, 13-35

El Evangelio de la misa de hoy nos dice que, el mismo día de Pascua por la tarde, dos de los discípulos de Jesús se encaminaban a un pueblecito llamado Emaús donde ellos vivían. Regresaban de Jerusalén donde habían celebrado la Pascua y mostraban gran tristeza. Al caminar hablaban precisamente de los acontecimientos que habían ocurrido entre el Viernes de Pasión y la mañana del Domingo de Pascua. Cuando aun estaban hablando y andando, se les acercó un desconocido que también iba de camino. Los dos discípulos siguieron hablando ya que esta conversación sobre la muerte trágica del Señor y del sepulcro vacío les era muy importante. Jesús había muerto y todos sus discípulos pasaban por una grave prueba. Habían oído a Nuestro Señor prometer que Él iba a resucitar al tercer día. Y también habían oído esa misma mañana a las mujeres decir que, al ir muy de mañana al sepulcro, no habían encontrado el cuerpo del Señor. El sepulcro estaba vacío. Aunque la conversación de estos dos discípulos giraba sobre Cristo no hablaban de Él en el presente, sino en el pasado mostrando así que aún no creían que había resucitado. Lo que no sabían es que el desconocido que iba andando con ellos era el mismo Jesucristo. No lo reconocieron porque aún no podían creer que había resucitado. La palabra del Señor entraba en sus mentes pero no en sus corazones. En suma, les faltaba fe en la palabra del Señor.

A pesar de todo lo ocurrido, y la necesidad que tenían de discutir entre ellos sobre el asunto, aceptaron la compañía del Señor, aunque no sabían que era Él. Los discípulos le explicaron al Señor con incredulidad los hechos. Entonces, aprovechando la conversación, Jesús les habló sobre las escrituras, explicándoles todo lo que decían sobre Él. Así trataba de devolverles, no sólo la fe, sino también la esperanza. Asombrados por el conocimiento de las escrituras que tenía el forastero, los dos discípulos le dijeron, "Quédate con nosotros, porque cae la tarde y se termina el día." No reconocieron a Jesús cuando les explicaba las escrituras sin embargo, cuando comieron la cena con El, supieron quién era cuando partió el pan.

Algunas personas piensan que para estos dos discípulos de Cristo debía haber sido fácil reconocer al Señor, ya que ellos lo conocían muy bien. Pero debemos recordar que para la primera comunidad cristiana en Jerusalén, la Resurrección del Señor era tan reciente y, además era un hecho tan significativo, que aún no habían tenido suficiente tiempo para meditar sobre ella reposadamente. Nosotros, al leer sobre estos hechos casi veinte siglos después, tenemos una enorme ventaja sobre esos primeros testigos de la Resurrección. De nuestros antepasados católicos hemos recibido la Biblia. Y la Iglesia Católica, al recopilar todas las escrituras que forman la Biblia, nos ha legado una fuente rica de información sobre todos los hechos del Antiguo y el Nuevo Testamento referentes al Señor. Si no creemos nosotros en Jesús no es por falta de información sobre su vida, muerte y resurrección, es por falta de fe. Solo si creemos en el Señor, podremos comenzar el proceso de ser liberados de la vida inútil que llevábamos antes de conocerle. Las lecturas de hoy dicen que no basta con decir que creemos, hace falta asumir y vivir la victoria de Cristo en la cruz, ya que es también la victoria de todos los cristianos.

Durante estas últimas tres semanas que han pasado desde el Domingo de Pascua, hemos escuchado en las lecturas de las Misas relatos sobre las apariciones del Señor. Cuando miramos a nuestro alrededor nos damos cuenta que muchas personas siguen siendo como los discípulos que iban de camino a Emaús. Aunque tienen al Señor delante de ellos, no lo reconocen. Y es que aunque la vida, muerte y resurrección de Jesucristo siguen siendo importantísimas para nosotros hoy en día, como lo fueron para los primeros discípulos de Jesús, siempre debemos recordar que Cristo, ya resucitado, sigue estando presente entre nosotros. Nuestra fe nos dice que el Señor está presente en la Sagrada Eucaristía. Y nos dice que la Misa es prueba de su victoria ante el mundo entero. Por eso podemos cantar con júbilo "Anunciamos tu muerte, proclamamos tu resurrección. ¡Ven, Señor Jesús!"

Third Sunday of Lent

Cycle A Book 3

Readings: (R1) Exodus 17: 3-7 (R2) Romans 5:1-2, 5-8 (Gos) John 4: 5-42

The Gospel of today's mass tells us that, on Easter afternoon, two of Jesus' disciples were on their way to a small town called Emmaus where they lived. They were returning from Jerusalem where they had celebrated the Passover and were feeling a great sadness. As they walked, they spoke of the events that had occurred between Passion Friday and Easter Sunday morning. While they were still talking and walking, they were approached by a stranger who was also on the road. The two disciples kept talking since this conversation about the tragic death of the Lord and the empty tomb was very important to them. Jesus had died and all his disciples were going through a serious test. They had heard Our Lord promise that He would rise again on the third day. And that same morning they had heard the women say that when they went to the tomb early in the morning, they had not found the body of the Lord. The tomb was empty. Although the conversation of these two disciples revolved around Christ, they did not speak of him in the present, but in the past, thus showing that they still did not believe that he had risen. What they did not know is that the stranger who was walking with them was Jesus Christ himself. They did not recognize him because they still could not believe that he had risen. The word of the Lord entered their minds but not their hearts. In short, they lacked faith in the promises of the Lord.

Despite everything that had happened, and the need they had to discuss the matter among themselves, they accepted the Lord's company, even though they did not know it was Him. The disciples explained the facts to the Lord with disbelief. Then, taking advantage of the conversation, Jesus spoke to them about the scriptures, explaining everything they said about him. In this way he tried to restore not only their faith, but also their hope. Amazed by the stranger's knowledge of the scriptures, the two disciples told him, "Stay with us, because evening is falling and the day is ending." They did not recognize Jesus when He explained the scriptures to them; however, while eating dinner with Him, they knew who He was when He broke bread.

Some people think that for these two disciples of Christ it must have been easy to recognize the Lord, since they knew him so well. But we must remember that for the first Christian community in Jerusalem, the Resurrection of the Lord was so recent and, moreover, such a significant event, that they had not yet had enough time to meditate on it quietly. We, reading about these events almost twenty centuries later, have an enormous advantage over those first witnesses to the Resurrection. From our Catholic ancestors we have received the Bible. The Catholic Church, by compiling all the scriptures that make up the Bible, has bequeathed to us a rich source of information on all the Old and New Testament facts concerning the Lord. If we do not believe in Jesus it is not due to lack of information about his life, death and resurrection, it is due to lack of faith. Only if we believe in the Lord can we begin the process of being freed from the useless life that we led before we met him. Today's readings say that it is not enough to say that we believe, it is necessary to accept and live the victory of Christ on the cross, since it is also the victory of all Christians.

During these last three weeks since Easter Sunday, we have heard stories about the Lord's appearances in the Mass readings. When we look around us, we realize that many people are still like the disciples on their way to Emmaus. Although they have the Lord before them, they do not recognize Him. And it is because, although the life, death and resurrection of Jesus Christ are still very important for us today, as they were for the first disciples of Jesus, we must remember always that Christ, already risen, is still present among us. Our faith tells us that the Lord is present in the Holy Eucharist. And he tells us that the Mass is proof of his victory before the whole world. That is why we can sing with joy "We announce your death, we proclaim your resurrection. Come Lord Jesus! "

Cuarto Domingo de Pascua

Ciclo A

Lecturas: (L1) Hechos 2,14. 36-41 (L2) 1 Pedro 2, 20-25 (Ev) Juan 10,1-10

Nuestro Señor usaba ejemplos de la vida cotidiana de los judíos de su tiempo para explicar cómo era el Reino de Dios. En el Evangelio de hoy, San Juan nos cuenta que Jesús les dijo a los Fariseos: "Yo soy la puerta: quien entre por mí sé salvará y podrá entrar y salir, y encontrará pastos. El ladrón no entra sino para robar y matar y hacer estrago; yo he venido para que tengan vida y la tengan abundante". Se refiere a la costumbre de los pastores de meter sus rebaños en un redil – un recinto cercado muchas veces con muras de piedra en el que los pastores guardan el ganado. Los pastores dormían precisamente en la entrada del redil, formando una especie de puerta humana por la cual tenían que pasar cualquier persona o animal que quería entrar.

Muchas personas creen que en este pasaje del Evangelio Jesús se dirige solamente a los Fariseos. Estos eran miembros de la autoridad judía que estaban creando pautas y leyes a seguir que hacían que casi nadie podía entrar en el descanso eterno del cielo con la excepción de ellos. Estaban disfrutando de su posición de poder mientras que imponían su voluntad en cuanto a los creyentes judíos. No seguían la voluntad de Dios, no cuidaban del rebano, sino se aprovechaban de él. Sin embargo, precisamente el pasaje que hemos escuchado hoy, también es para los feligreses, la comunidad de creyentes, los que hemos escuchado la palabra de Dios. Lo que nos dice es que si formamos o queremos formar parte de la comunidad cristiana sin poner toda nuestra fe en Cristo o sin hacer caso de sus palabras y mandatos, somos como los que se saltan por encima del pastor para entrar en el redil y formar parte del rebano. Somos ovejas falsas que no son del rebaño del Señor. Y hacemos tanto daño, o más, al rebaño que los falso pastores porque nos quejamos de la necesidad de seguir al Señor a raja tabla. Decimos que tenemos que suavizar o cambiar las propias enseñanzas del Jesús porque no ya no son vigentes en el mundo actual. Dicen que la moda de vivir cristiana es pasada de moda.

Es cierto que desde los tiempos de la Iglesia primitiva ha habido casos de sacerdotes e incluso de obispos que guiaron sus rebaños a través de senderos equivocados, que incluso pecaron y predicaron herejía y se separaron de la Iglesia. También es cierto que también ha habido feligreses que siguieron a estos falsos pastores porque predicaban una manera más fácil de llevar, menos problemático. Esto pasa porque los seres humanos somos débiles y pecamos. Por desgracia, sigue pasando de vez en cuando hoy en día. Sin embargo, esto no cambia el hecho de que Nuestro Señor quiso basar la comunidad de cristianos sobre sus enseñanzas. No solo exige que los pastores enseñen lo que Él ha predicado sin cambios ni titubeos. También exige que los feligreses crean íntegramente lo que la Iglesia ensena. Esto es lo que asegura la unidad de nuestra Iglesia. No solo es través de Pedro y sus sucesores que Cristo garantiza que su Iglesia, a pesar de todas las pruebas, saldrá triunfante. Es también a través de la fe inquebrantable de los feligreses. Cuando escuchamos las palabras de alguien que dice que hay que cambiar nuestra fe para que se ajuste a la cultura en la que vivimos, hay que mantenernos firmes en nuestra fe y decirles: "A otro perro con ese hueso".

Estamos celebrando aquí reunidos en comunidad la Santa Misa. El Señor está aquí entre nosotros. Hemos escuchado la Palabra de Dios y dentro de unos minutos será la consagración donde el pan y el vino se transformarán en el Cuerpo y la Sangre de Cristo. Al escuchar la Palabra y recibir la Sagrada Eucaristía mostramos al mundo entero nuestra unidad. En los tiempos difíciles, pidamos al Señor no solo por el Papa y los obispos sino también por todos los miembros de nuestra comunidad parroquial y todos los miembros de la Iglesia Católica Universal con la cual estamos en comunión. Oremos para que nuestra fe en Cristo Jesús nos lleve a hacer buenas obras que, en su conjunto, hagan que lleguemos un día a la salvación.

Fourth Sunday of Lent

Cycle A Book 3

Readings: (R1) 1 Samuel 16:1, 6-7, 10-13 (R2) Ephesians 5:8-14 (Gos) John 9:1-41

Our Lord used examples from the daily life of the Jews of his time to explain what the Kingdom of God was like. In today's Gospel, Saint John tells us that Jesus told the Pharisees: "I am the gateway: whoever enters through me will be saved and will be able to enter and leave, and will find pasture. The thief enters only to steal and kill and wreak havoc; I have come so that they may have life and have it abundantly ". It refers to the custom of the shepherds putting their flocks in a sheepfold - an enclosure often fenced with stone walls in which the shepherds keep the fold. The shepherds slept precisely at the entrance of the fold, forming a kind of human gate through which any person or animal that wanted to enter had to pass.

Many people believe that in this passage of the Gospel Jesus is only addressing the Pharisees. They were members of the Jewish authority who were creating guidelines and laws to follow that meant that almost no one could enter the eternal rest of heaven with the exception of them. They were enjoyed their position of power while imposing their will on the Jewish believers. They did not follow the will of God, they did not take care of the flock,. They did what they wanted to do and took advantage of the people. However, precisely the passage that we have heard today is also for the parishioners, the community of believers, those of us who have heard the word of God. What it tells us is that if we form or want to be a part of the Christian community without putting all our faith in Christ or paying attention to his words and commands, we are like those who jump over the pastor to enter the fold and form part of the flock. We are false sheep that are not of the Lord's flock. And we do as much damage, or more, to the flock than the false shepherds because we complain about the need to follow the Lord. We say that we have to soften or change Jesus' own teachings because they are no longer valid in today's world. They say that the Christian way of life is old-fashioned.

It is true that since the time of the early Church there have been cases of priests and even bishops who led their flocks through wrong paths, who even sinned and preached heresy and separated from the Church. It is also true that there have also been parishioners who followed these false shepherds because they preached an easier, less troublesome way of life. This happens because human beings are weak and we sin. Unfortunately, it still happens from time to time today. However, this does not change the fact that Our Lord wanted to base the Christian community on his teachings. He not only demands that pastors teach what He has preached without change or hesitation. Also demands that parishioners fully believe what the Church teaches. This is what ensures the unity of our Church. It is not only through Peter and his successors that Christ guarantees that his Church, despite all the trials, will emerge triumphant. It is also through the unwavering faith of the parishioners. When we hear the words of someone who says that we must change our faith to fit the culture in which we live, we must stand firm in our faith and say: "Tell that to someone else who will believe you."

We are celebrating Holy Mass gathered here in community. The Lord is here among us. In a few minutes during the consecration the bread and wine will be transformed into the Body and Blood of Christ. By receiving this spiritual food we show the whole world our unity. In difficult times, let us pray to the Lord not only for the Pope and the bishops. Let us also pray for all the members of our parish community and all members of the Universal Catholic Church with whom we are in communion. So that our faith in Christ Jesus will lead us to do good works that collectively that will lead us to our salvation one day.

Quinto Domingo de Pascua

Ciclo A Tomo 3

Lecturas: (L1) Hechos 6,1-7 (L2) 1 Pedro 2, 4-9 (Ev) Juan 14,1-12

El Evangelio de San Juan es el más "teológico" de los cuatro evangelios. Muestra, de una manera tajante y concisa, cuáles eran las creencias básicas de la iglesia primitiva de los primeros anos después de morir Jesús. No cabe duda que todo el mundo sabía que la verdadera casa del Padre, en donde mora Dios mismo, es el cielo. Es allí donde Jesucristo resucitado nos tiene preparado un lugar a nosotros. Todos los cristianos sabemos que es por su muerte y resurrección que Jesucristo nos ha abierto el cielo. Y desde el cielo nos invita a seguir sus pasos. Sin embargo, también sabemos que aun no ha llegado la hora en que toda la humanidad ha sido juzgada y moremos todos en el cielo con Dios. Antes tenemos que aguantar las vicisitudes de la vida en este valle de lágrimas. Para ayudarnos y guiarnos durante nuestra vida terrenal, Nuestro Señor fundó una comunidad de creyentes que mantendría su presencia en la tierra y guardaría el tesoro de sus enseñanzas hasta el fin del mundo. O sea, creó su Iglesia. La iglesia es el medio que Nuestro Señor instituyó para extender su presencia en la tierra hasta el fin de los tiempos cuando todos podremos entrar en el Reino Celestial. Todos hemos sido engendrados en una patria concreta pero el cielo es nuestra verdadera patria.

La casa del Padre donde siempre mora, es el cielo per aquí en la tierra, la casa del Padre es la Iglesia. Es una casa donde nosotros, los feligreses somos las piedras vivas sobre las cuales se construye. Por lo tanto, es una casa que nunca se terminará de edificar. En cada generación se renueva y se restaura. Desde su principio es una casa con las puertas abiertas a todos. Piden entrar todos los que quieran seguir las enseñanzas y mandatos de Dios pueden entrar. Es una casa donde todos nos sentimos familia de Dios. Somos en realidad una familia ya que todos somos hijas e hijos de Dios. Por supuesto, habrá algún roce entre los miembros individuales de la familia, como en todas las familias. Pero, en el conjunto, debemos estar unidos todos los miembros. Todos juntos debemos buscar, cada uno según sus posibilidades y vocaciones, el bien y la felicidad de la familia.

Esta familia de Dios no está exenta de problemas: la primera lectura, tomada de los Hechos de los Apóstoles, trata de uno de los problemas que tuvo que afrontar la familia de Dios en los primeros años de su existencia en Jerusalén. Nos muestra que los problemas pueden ser resueltos cuando haya entre todos cooperación y una voluntad para encontrar una solución. Esto es lo que sucedió en la comunidad de Jerusalén, y volvió a reinar la paz y la concordia entre los miembros de la familia. Éste debe ser también siempre el camino para afrontar las dificultades y problemas de la Iglesia.

Hermanas y hermanos, en la Segunda Lectura, San Pedro nos dice que la comunidad cristiana es una raza escogida, un pueblo santo y que como tal debemos comportarnos. Esta es la concepción de la Iglesia que Cristo nos dejo. Somos todo eso pero también, como he dicho antes, somos familia. Y me duele decirlo pero, por ser seres humanos como somos, puede que este concepto encuentre dificultades en algunos grupos que pertenecen a nuestras comunidades, en nuestras parroquias. Actúan como que se han alejado de la familia porque ya no quieren vivir en la misma casa. No quieren admitir que para formar parte de la comunidad, deben seguir ciertas pautas de conducta. No hacen mucho caso a las normas que rigen en la casa de Dios, creando con su manera de actuar, desunión y enemistades entre los miembros de la familia. También puede ser que haya los que critiquen al padre de familia: bien sea el papa, el obispo, o el párroco. Lo hacen con o sin malicia, pero en muchos casos estas críticas debilitan la unidad de la familia de Dios. También puede que haya tensiones, rencores, incluso malos tratos entre las hermanas y hermanos de la familia de Dios. Sin duda, mientras existan estos problemas, aún queda mucho por hacer para que la Iglesia se convierta verdaderamente en una raza elegida, un pueblo santo y una familia de Dios. Hasta que consigamos esa unidad, todos debemos preguntarnos ¿Qué puedo hacer yo para fomentar la unidad, la comprensión y el amor fraterno en esta parroquia, en esta comunidad?

Fifth Sunday of Easter

Cycle A Book 3

Readings: (R1) Acts 6:1-7 (R2)1 Peter 2:4-9 (Gos) John 14:1-12

The Gospel of Saint John is the most "theological" of the four Gospels. It shows, in a direct and concise way, the basic beliefs of the early church in the first years after Jesus died. There is no doubt that everyone knew that the true house of the Father, where God himself dwells, is heaven. It is there that the risen Jesus Christ has prepared a place for us. All Christians know that it is through his death and resurrection that Jesus Christ opened the gates of heaven to us. And from there he invites us to follow in his footsteps. However, we also know that the time has not yet come when all humanity has been judged and we all dwell in heaven with God. First we have to endure the vicissitudes of life in this valley of tears. To help and guide us during our earthly lives, Our Lord founded a community of believers that would maintain his presence on earth and guard the treasure of his teachings until the end of the world. In other words, he created his Church. The church is the means that our Lord instituted to extend his presence on earth until the end of time when we can all enter into the Heavenly Kingdom. We have all been begotten in an earthly homeland, but heaven is our true homeland.

The Father's house where he always dwells is heaven but here on earth, the Father's house is the Church. It is a house where we, the parishioners, are the living stones of which it is built. Therefore, it is a house that will never be finished building. In each generation it is renewed and restored. From the beginning it has been a house with the doors open to all. All those who want to follow the teachings and mandates of God can enter. It is a house where we all feel like God's family. We really are a family since we are all daughters and sons of God. Of course, there will be some friction between individual family members, as in all families. But, as a whole, all the members must be united. All together we must seek, each according to her or his possibilities and vocations, the welfare and happiness of the family.

This family of God is not without problems: the First Reading, taken from the Acts of the Apostles, deals with one of the problems that the family of God had to face in the first years of its existence in Jerusalem. It shows us that problems can be resolved when there is cooperation and a willingness to find a solution together. This is what happened in the community of Jerusalem, and peace and harmony reigned among the members of the family. This must also always be the way to face the difficulties and problems of the Church.

Sisters and brothers, in the Second Reading, Saint Peter tells us that the Christian community is a chosen race, a holy people, and that we must behave as such. This is the concept of Church that Christ left us. We are all that but we are also, as I have said before, family. And it hurts me to say it but, being human beings as we are, this concept may encounter difficulties in some groups that belong to our communities, to our parishes. Some may act like they have moved away from the family because they no longer want to live in the same house. They may not want to admit that to be part of the community; they must follow certain guidelines of conduct. They may not pay much attention to the rules that govern the house of God. In doing so, they create disunity and enmity between the members of the family. It may also be that there are those who criticize the father of the family: the pope, the bishop, or the pastor. Whether they do this with or without malice, in many cases these criticisms weaken the unity of the family of God. There may also be tensions, resentments, even mistreatment between the sisters and brothers of the family of God. To be sure, as long as these problems exist, much remains to be done for the Church to truly become a chosen race, a holy people, and a family of God. Until we achieve that unity, we must all ask ourselves, what can I do to foster unity, understanding and brotherly love in this parish, in this community?

Sexto Domingo De Pascua

Ciclo A Tomo 3

Lecturas: (L1) Hechos 8, 5-8; 14-17 (L2) 1 Pedro 3, 15-18 (Ev) Juan 14, 15-21

Los últimos días de la vida de Jesús eran días llenos de acontecimientos muy importantes para la vida de la Iglesia primitiva. El Evangelio de hoy nos muestra una de las fases más importantes en el desarrollo de la comunidad Cristiana. Son las palabras de Cristo a los Apóstoles antes de su muerte, cuando les dice que Él estará con su Iglesia siempre. También les dice lo que deben hacer si quieren ser sus seguidores y cuál será la recompensa que recibirán por su amor y su fidelidad: "El que acepta mis mandamientos y los cumple, ése me ama. Al que me ama a mí, lo amará mi Padre, yo también lo amaré y me manifestaré a él." Durante este discurso, el Señor también revela a los apóstoles el mayor misterio de nuestra fe. El misterio de la Santísima Trinidad, Padre, Hijo y Espíritu Santo. Tres personas en un Solo Dios. Esta es la razón que Jesús puede decirles a sus seguidores que la persona que le ama a él también ama al Padre.

En la Primera Lectura vemos cómo Felipe demostró ser un gran predicador. Era uno de los siete escogidos por los apóstoles a ser diáconos sirviendo a la comunidad. La lectura hoy nos muestra a Felipe predicando sobre el Reino de Dios entre los Samaritanos, mostrando así mucha valentía ya que estos no solían tener ninguna relación con los judíos. Cuando los apóstoles supieron que Felipe estaba predicando entre los Samaritanos, es muy probable que se acordaran de cuando vieron a Jesús hablando con una mujer Samaritana. En el Evangelio de San Juan escuchamos como Jesús hablo con una mujer Samaritana, en el Pozo de Sicar en un pequeño pueblo Samaritano. (Juan 4: 7-42) Es allí donde Nuestro Señor le dijo a la mujer que todos tenemos una sed que solo Dios puede saciar. Y la mujer le respondió que si era así, ella quería beber esa agua para que nunca tuviera sed jamás. Cualquier dialogo entre judíos y samaritanos era muy difícil ya que entre estos dos grupos no había ninguna amistad. Las costumbres judías decían que ningún judío debía hablar con un samaritano. Por eso les extrañó a los apóstoles cuando vieron a Jesús hablando con una samaritana. Puede ser que el Señor mismo planto la semilla de la fe en el pueblo Samaritano. Debemos recordar que Jesús pasó dos días en ese pueblo samaritano, predicando y enseñándoles. Y cuando Jesús salió de la aldea, los que vivían en el pueblo le dijeron a la mujer Samaritana: "Ya no creemos solo por lo que tú dijiste, ahora lo hemos oído nosotros mismos, y sabemos que verdaderamente este es el Salvador del mundo. (Juan 4, 42)

En la Primera Lectura hemos escuchado que los Apóstoles se alegraron mucho cuando se enteraron que Felipe estaba predicando entre los Samaritanos y que incluso muchos de estos habían sido bautizados, afirmando su creencia en Jesucristo como Dios y Salvador. Pudieron comprobar que la evangelización siempre trae alegría. Al visitar la aldea samaritana, vieron de cerca cómo Dios se manifiesta por su Espíritu a todos los pueblos, incluso a los Samaritanos, un pueblo despreciado por los Judíos pero no despreciado por Jesús. También vieron cómo, por obra del Espíritu Santo, Felipe sanaba las almas, los cuerpos, las mentes y los corazones. Y ya que habían sido bautizados los Samaritanos por Felipe, los apóstoles les impusieron las manos, confirmándoles en la fe. Nosotros, como cristianos, debemos aprender de Felipe evangelizando, cuando podemos, desinteresadamente, sin pretensiones orgullosas y sin querer imponer nuestra manera de vivir. Debemos hacerlo como nos dice San Pedro en la Segunda Lectura, con sencillez y respeto como quien vive con la conciencia en paz.

Nuestra evangelización debe ser como la de Nuestro Señor: sin intolerancias. Todo el mundo, sea cual sea su nacionalidad o creencia anterior, tiene el derecho de ser bautizado. Además, aprendamos a mostrar en todos los acontecimientos de nuestra propia vida que estamos en la Iglesia porque queremos seguir al Señor. Si lo hacemos así nuestra manera de vivir no solo nos ayudará llegar al cielo sino que atraerá almas a Cristo. Todos nuestros esfuerzos deben tener el carácter de un buen católico para ir mostrando nuestro amor al Señor, para ir predicando con nuestra manera de ser.

Sixth Sunday of Easter

Cycle A Book 3

Readings: (R1) Acts 8:5-8, 14-17 (R2) 1 Peter 3:15-18 (Gos) John 14:15-21

The last days of Jesus' life were days full of events that were very important to the life of the early Church. Today's Gospel shows us one of the most important phases in the development of the Christian community. They are the words of Christ to the Apostles before his death, when he tells them that he will always be with his Church. He also tells them what they must do if they want to be his followers and what will be the reward they will receive for their love and faithfulness: "Whoever accepts my commandments and keeps them, he loves me. Whoever loves me, my Father will love, I will also love him and manifest myself to him." During this discourse, the Lord also reveals to the apostles the greatest mystery of our faith: the mystery of the Holy Trinity - Father, Son and Holy Spirit, three persons in One God. This is why Jesus can tell his followers that the person who loves him also loves the Father.

In the First Reading we see how Philip proved to be a great preacher. He was one of the seven chosen by the apostles to be deacons serving the community. Today's reading shows us Philip preaching about the Kingdom of God among the Samaritans, thus showing great courage since they did not usually have any relationship with the Jews. When the apostles heard that Philip was preaching among the Samaritans it must have reminded them of the time that they saw Jesus speaking with a Samaritan woman. In the Gospel of Saint John we hear how Jesus spoke with a Samaritan woman, at the Well of Sychar in a small Samaritan town. (John 4: 7-42) It is there that Our Lord told the woman that we all have a thirst that only God can quench. And the woman replied that if so, she wanted to drink that water so that she would never be thirsty again. Any dialogue between Jews and Samaritans was very difficult since between these two groups there was no friendship. Jewish customs said that no Jew should speak to a Samaritan. It may be that the Lord himself planted the seed of faith in the Samaritan people. We must remember that Jesus spent two days in that Samaritan town, preaching and teaching them. And when Jesus left the village, the people of the village said to the Samaritan woman: "We no longer believe just because of what you said, now we have heard it ourselves, and we know that this is truly the Savior of the world. (John 4:42)

In the First Reading we have heard that the Apostles were very happy when they learned that Philip was preaching among the Samaritans and that many of them had even been baptized, affirming their belief in Jesus Christ as God and Savior. They were able to verify that evangelization always brings joy. When visiting the Samaritan village, they saw up close how God manifests himself by his Spirit to all peoples, including the Samaritans, a people despised by the Jews but not despised by Jesus. They also saw how, by the Holy Spirit, Philip healed souls, bodies, minds, and hearts. And since the Samaritans had been baptized by Philip, the apostles laid their hands on them, confirming their faith. We, as Christians, must learn from Philip to evangelize, when we can, disinterestedly, without pretensions and without wanting to impose our way of life. We must do it as Saint Peter tells us in the Second Reading, with simplicity and respect as one who lives with a peaceful conscience.

Our evangelization must be like that of Our Lord: without prejudice. Everyone, regardless of nationality or prior belief, has the right to be baptized. What's more, let us learn to show in all the events of our own lives that we are in the Church because we want to follow the Lord. If we do so, our way of life will not only help us get to heaven, but it will attract souls to Christ. All our efforts must have the character of a good Catholic to show our love to the Lord, to preach with our way of being.

Séptimo Domingo De Pascua

Ciclo A Tomo 3

Lecturas: (L1) Hechos 1,12-14 (L2) 1 Pedro 4,13-16 (Ev) Juan 17,1b-11a

El libro de los Hechos de los Apóstoles, nos describe los acontecimientos de los primeros días de la comunidad cristiana. El autor de este libro, San Lucas, nos dice que después de presenciar la gloriosa Ascensión del Señor al cielo, la Santísima Virgen María y los Apóstoles y demás discípulos volvieron a Jerusalén donde se reunieron en recogimiento y oración mientras esperaban la llegada prometida del Paráclito, Espíritu Santo. Recordando estos hechos, a través de las lecturas de la Santa Misa, la Iglesia nos recuerda la necesidad que tenemos todos los cristianos de orar por la unidad de la comunidad cristiana.

La Ascensión de Jesucristo a los cielos es un misterio de nuestra fe, absolutamente ajeno a nuestra experiencia terrena. Nuestro sentido común nos dice que no es posible ver a alguien ascender al paraíso celestial en cuerpo y alma. Pero para Dios no hay nada imposible. Las sagradas Escrituras mencionan en varias ocasiones el poder, la fuerza, la autoridad de Dios. Cualquier persona que contempla la historia de la salvación del género humano, narrada primero en el Antiguo Testamento y continuada en el Nuevo Testamento, ha comprobado el desarrollo histórico de la acción poderosa de Dios en el pueblo de Israel y en los discípulos de Jesús. Nuestra salvación del poder de Satanás sobre nosotros sólo fue posible porque Dios actuó, dentro de los límites de nuestra existencia terrenal, para lograrlo. Lo hizo porque el todopoderoso nos ama. Para poder entender, un poco, por qué Dios quiso mostrar su amor por nosotros a través de la crucifixión y muerte de Nuestro Señor, hay que tener el corazón abierto al misterio de nuestra salvación. Hay que creer no solo en un Dios de gran poder, sino en un Dios cuyo amor por nosotros es enorme. En unos minutos rezaremos el Credo Niceno-Constantinopolitano, como todos los domingos. En él decimos que Jesús, después de ascender al cielo, se sentó a la derecha del Padre. Es decir, afirmamos que creemos que el Señor, vuelto a su puesto en el cielo con gloria cerca del Padre y el Espíritu Santo donde ha estado desde que el mundo existiese. Y desde allí manifiesta su fuerza poderosa como la Segunda Persona de la Santísima Trinidad.

En el Evangelio hemos escuchado como el Señor desea ardientemente que la humanidad llegue a la unidad en la Santa Iglesia que Él fundó. Y nos pide que mostremos esa unidad en este mundo tan desunido. La Iglesia, desde sus primeros años de existencia ha vivido tiempos difíciles. Todos sabemos lo difícil que es mantener la unidad. Generación tras generación ha habido personas que dicen, por varias razones, que la Iglesia tiene que cambiar las enseñanzas de Cristo para que sean llevadas más al gusto de ellos. Desde que se fundó nuestra Iglesia, cómo muchas personas tratan de aprovecharse de los tiempos difíciles para moldear la Iglesia a su gusto sin percatar que al tratar de cambiar lo que Cristo nos dejó y nos enseñó cuando fundó su Iglesia, demuestran abiertamente que no quieren, seguir la voluntad de Cristo sino su propia voluntad. Al tratar de hacer cambios innecesarios están haciendo daño a toda la Iglesia, a nosotros los miembros de la Iglesia y, lo más triste, a ellos mismos.

Es imprescindible que sigamos lo que Cristo nos enseñó y nos mandó en vez de tratar de cambiarlo. Nuestro deber es fomentar la unidad, tratando de superar las dificultades para poder mejorar la Iglesia e intentar traer más personas a la Iglesia que Cristo fundó. Esto no es posible si entre nosotros estamos divididos. Por eso, Cristo nos pide que su Iglesia sea solamente una. La unidad es la señal de que Cristo habita entre nosotros. No basta con que leamos los evangelios y prediquemos de palabra a Cristo sí, con nuestra conducta, estamos mostrando al mundo que no somos capaces de seguir lo que Cristo nos ordenó. Cuando no mostramos la unidad, manifestamos a todo el mundo que no amamos ni a Cristo, ni a nuestra Iglesia, ni a nuestro prójimo. Es importante mostrar nuestro amor a Dios, a la Iglesia, y al prójimo pregonando con nuestro buen ejemplo que somos católicos, que somos una sola Iglesia, y que somos fieles seguidores de Cristo.

Seventh Sunday of Easter

Cycle A Book 3
Readings: (R1)Acts 1:12-14 (R2)1 Peter 4:13-16 (Gos) John 17:1b-11a

The book of the Acts of the Apostles describes the events of the early days of the Christian community. The author of this book, Saint Luke, tells us that after witnessing the glorious Ascension of the Lord into heaven, the Blessed Virgin Mary and the Apostles and other disciples returned to Jerusalem where they gathered in isolation and prayer while awaiting the promised arrival of the Paraclete, the Holy Spirit. Recalling these facts, through the readings of the Holy Mass, the Church reminds us of the need that all Christians have to pray for the unity of the Christian community.

The Ascension of Jesus Christ into heaven is a mystery of our faith, absolutely foreign to our earthly experience. Our common sense tells us that it is not possible to see someone ascend to the heavenly paradise in body and soul. But for God nothing is impossible. The sacred Scriptures repeatedly mention the power, the force, and the authority of God. Anyone who contemplates the history of the salvation of mankind, first narrated in the Old Testament and continued in the New Testament, has verified the historical development of the powerful action of God in the people of Israel and in the disciples of Jesus. Our salvation from Satan's power over us was only possible because God acted, within the limits of our earthly existence, to achieve it. He did it because the Almighty loves us. In order to understand, a little, why God wanted to show his love for us through the crucifixion and death of Our Lord, we must have our hearts open to the mystery of our salvation. We must believe not only in a God of great power, but in a God whose love for us is enormous. In a few minutes we will pray the Nicene-Constantinopolitan Creed, like every Sunday. In it we say that Jesus, after ascending to heaven, sits at the right hand of the Father. That is, we affirm that we believe that the Lord, returned to his place in heaven with glory close to the Father and the Holy Spirit where he has been since the world existed. And from there he manifests his powerful force as the Second Person of the Holy Trinity.

In the Gospel we have heard how the Lord ardently desires that humanity reach unity in the Holy Church that He founded. And he asks us to show that unity in this world so disunited. The Church, from its first years of existence, has lived through difficult times. We all know how difficult it is to maintain unity. Generations after generation there have been people who say, for various reasons that the Church has to change the teachings of Christ so that they can be more to their liking. Since our Church was founded, many people have tried to take advantage of difficult times to shape the Church to their liking without realizing that when they try to change what Christ left us and taught us when he founded his Church, they openly show that they do not want to follow the will of Christ but their own will. By trying to make unnecessary changes they harm the whole Church, us Church members, and, sadly, themselves.

Sisters and brothers, it is essential that we follow what Christ taught us and commanded us instead of trying to change it. Our duty is to foster unity, trying to overcome any difficulties we can to improve the Church and try to bring more people to the Church that Christ founded. This is not possible if we are divided among ourselves. Therefore, Christ asks us that his Church be only one. Unity is the sign that Christ dwells among us. It is not enough for us to read the Gospels and preach Christ by word of mouth if, with our conduct, we are show the world that we are not capable doing what Christ commanded us to do. When we do not show unity, we show everyone that we love neither Christ, nor our Church, nor our neighbor. It is important to show our love for God, the Church, and our neighbor by proclaiming with our good example that we are Catholics, that we are one Church, and that we are faithful followers of Christ.

Domingo de Pentecostés

Esta homilía se puede usar en cualquier Misa del Domingo de Pentecostés

Este Domingo de Pentecostés conmemoramos ese primer domingo que el Espíritu Santo derramo su gracia sobre el Pueblo de Dios. La Iglesia celebra este día con gran solemnidad porque es una fiesta grande. Es la celebración del nacimiento de nuestra Iglesia. Por eso se festeja por tanto tiempo y de una manera muy alegre. Los próximos siete días son considerados como parte de esta fiesta y forman la octava de la solemnidad. Todas las fiestas mayores de nuestra Iglesia, tales como la Navidad y el Domingo de Resurrección se celebran de esta forma.

A los judíos la fiesta de Pentecostés recordaba la alianza de Dios en el Sinaí y el don de la Ley a Moisés y al pueblo de Israel, en medio de la tempestad y de truenos y relámpagos. Al Espíritu Santo también se le conoce como el Espíritu creador porque el autor del libro de Génesis dice que después de crear Dios a la tierra y el cielo: "La tierra era un caos total, las tinieblas cubrían el abismo, y el Espíritu de Dios se movía sobre la superficie de las aguas" (Génesis 1, 2-3). Solo cuando el Espíritu voló sobre el caos, podía ser conquistada el caos para poder comenzar a formar la tierra. El autor de los Hechos de los Apóstoles, San Lucas, al contar los hechos de ese primer Domingo de Pentecostés, quiere mostrar que, a través de las lenguas de fuego del Espíritu Santo que se posaron sobre cada uno de los discípulos presentes, Dios está siguiendo una progresión histórica ayudando a su pueblo a ir discerniendo su papel en la historia salvífica de la humanidad. Primero Dios creó al mundo mediante su poder creadora, después formo al pueblo de Israel mediante la Alianza y la Ley, y, a través de los discípulos de Cristo, formo al pueblo cristiano mediante una nueva Alianza en la sangre de Cristo. Es un pueblo que vive bajo el régimen de una nueva Ley, la ley del ágape cristiano.

Nadie conoce de cuantas formas puede presentarse el Espíritu Santo. Pero lo que sí sabemos es que puede venir cuando nadie lo espera. También sabemos, porque Nuestro Señor nos lo revelo, que la Iglesia experimenta constantemente la presencia del Espíritu Santo. Ha mantenido a la Iglesia triunfante en medio de las persecuciones y calumnias que han surgido durante más de veinte siglos de su historia. Él es el que la fortalece, la conserva, y la santifica.

Al decir que el Espíritu Santo santifica a su Iglesia también queremos decir que nos santifica a nosotros. La Iglesia, fortalecida por el espíritu de unidad, hace entre todos los pueblos y todas las razas una comunidad fraternal. Si miramos nuestra Iglesia con fe descubriremos en ella al Espíritu Santo y veremos que constantemente está derramando la gracia que proviene de la muerte y resurrección de Nuestro Señor Jesucristo. Así pues, como cristianos debemos tener una visión cristiana de nuestra Iglesia. No debemos soportar el pecado dentro de ella pero también debemos aprender cómo defenderla de cada ataque no merecido, pequeño o grande, que surge contra ella.

El Espíritu Santo no solo dio a los Apóstoles la valentía y la fuerza para predicar la palabra hasta morir por Cristo. La gracia del Espíritu Santo hace surgir constantemente grupos pequeños de feligreses y nuevas comunidades religiosas que predican con sus hechos que son seguidores de Cristo. También trae vocaciones y hace buenos sacerdotes, diáconos, religiosas y religiosos. Estos son la sangre nueva de la Iglesia. Sabemos que entre los ministros de la iglesia ha habido algunos que cayeron en pecado. Estos deben admitir sus pecados y juzgados de una manera justa. Pero también hay que decir que no podemos permitir que haya críticas falsas o falsos testimonios contra cualquier persona. Tengamos en cuenta que todos somos seres humanos y que Satanás nos tienta a todos. Lo que tenemos que hacer es pedir en oración al Señor, por todos los que formamos la Iglesia pero especialmente por los miembros de nuestra iglesia bien sea laicos o miembros del clero que tienen problemas de cualquier índole.

Nuestra Iglesia es obra del Espíritu Santo y como tal se reconoce por sus frutos. Notaremos la presencia del Espíritu Santo cuando en nuestra comunidad veamos frutos de amor, de paz, bondad, lealtad y, sobre todo, humildad.

Pentecost Sunday

This homily may be used for any Mass on Pentecost Sunday

This Pentecost Sunday we commemorate that first Sunday that the Holy Spirit poured out his grace on the People of God. The Church celebrates this day with great solemnity because it is a great feast. It is the celebration of the birth of our Church. That is why it is celebrated for so long and in a very happy way. The next seven days are considered part of this feast and form the octave of the solemnity. All the major holidays of our Church, such as Christmas and Easter Sunday, are celebrated in this way.

For the Jews, the feast of Pentecost reminded the covenant of God at Sinai and the gift of the Law to Moses and the people of Israel, amidst the storm and thunder and lightning. The Holy Spirit is also known as the creative Spirit because the author of the book of Genesis says that after God created the earth and heaven: "The earth was a total chaos, darkness covered the abyss, and the Spirit of God it moved on the surface of the waters"(Genesis 1, 2-3). Only when the Spirit flew over chaos, could chaos be conquered in order to begin to form the earth. The author of the Acts of the Apostles, Saint Luke, when recounting the events of that first Pentecost Sunday, wants to show that, through the tongues of fire of the Holy Spirit that rested on each of the disciples present, God is following a historical progression helping his people to discern their role in the saving history of humanity. First God created the world through his creative power, then he formed the people of Israel through the Covenant and the Law, and, through the disciples of Christ, he formed the Christian people through a new Covenant in the blood of Christ. It is a people that live under the regime of a new Law, the law of Christian agape.

No one knows in how many ways the Holy Spirit can appear. But what we do know is that it can come when no one expects it. We also know, because Our Lord revealed it to us, that the Church constantly experiences the presence of the Holy Spirit. It has kept the Church triumphant amid the persecutions and calumnies that have arisen over more than twenty centuries of its history. He is the one who strengthens it, preserves it, and sanctifies it.

By saying that the Holy Spirit sanctifies his Church we also mean that he sanctifies us. The Church, strengthened by the spirit of unity, makes a fraternal community among all peoples and all races. If we look at our Church with faith we will discover in it the Holy Spirit and we will see that it is constantly pouring out the grace that comes from the death and resurrection of Our Lord Jesus Christ. Thus, as Christians we must have a Christian vision of our Church. We must not bear the sin within her but we must also learn how to defend her from every undeserved attack, small or large, that arises against her.

The Holy Spirit not only gave the Apostles the courage and strength to preach the word until they died for Christ. The grace of the Holy Spirit constantly brings forth small groups of parishioners and new religious communities who preach by their actions that they are followers of Christ. It also brings vocations and makes good priests, deacons, religious men and women. These are the new blood of the Church. We know that there are some ministers of the church who fall into sin. They must admit their sins and be judged fairly. But it must also be said that we cannot allow false reviews or false testimonies against anyone. Keep in mind that we are all human beings and that Satan tempts us all. What we have to do is ask in prayer to the Lord, for all of us who make up the Church but especially for the members of our church, whether they are laypeople or members of the clergy who have problems of any kind.

Our Church is the work of the Holy Spirit and as such is recognized by its fruits. We will notice the presence of the Holy Spirit when in our community we see fruits of love, peace, goodness, loyalty and, above all, humility

La Santísima Trinidad

Ciclo A Tomo 3
Lecturas: (L1) Éxodo 34, 4-6. 8-9 (L2) 2 Corintios 13, 11-13 (Ev) Juan 3, 16-18

La solemnidad que estamos celebrando se estableció para toda la iglesia católica occidental en el año 1334 por el Papa Juan XXII. Desde esa fecha quedó fijada para el domingo después de Pentecostés.

Lo que estamos celebrando hoy, desde luego, es la Solemnidad de la Santísima Trinidad. La Iglesia nos invita a meditar en y rezar a este gran misterio de nuestra fe repitiendo varias veces al día, "Gloria al Padre, y al Hijo, y al Espíritu Santo". Y reconociendo que ha existido desde siempre y que durará por siempre añadimos, "Como era en el principio, ahora y siempre, por los siglos de los siglos."

En nuestra religión cristiana hay algunos misterios que a nuestras mentes les resultan incomprensibles. Sin embargo tenemos que creerlos sencillamente porque Dios nos los ha revelado y Dios no puede ni engañarse ni engañarnos. Solamente podremos comenzar a penetrar en los misterios sobre la Santísima Trinidad por mediación de la fe. La Trinidad es un misterio de fe en sentido estricto. Es uno de los misterios escondidos en Dios que quiere decir que el ser humano no puede profundizar en ellos si no es con la ayuda de Dios. A través de la Biblia, podemos ver que Dios nos dejó huellas de su ser trinitario en la Creación y en su Revelación. Pero entender la intimidad de su ser como Trinidad Santa es un misterio inaccesible para la inteligencia limitada del ser humano.

San Agustín, gran teólogo y Doctor de la Iglesia, se preguntaba, y quiso profundizar, sobre este misterio maravilloso. A este gran santo, Dios le dio mucha sabiduría. Pero, a pesar de eso, San Agustín juzgó que la mente humana no es capaz de comprender la inmensidad de Dios. San Agustín advierte que aunque no es difícil comprender que Dios existe, que haya Tres Personas en un solo Dios no podemos comprender usando solo nuestros propios recursos. Jesucristo dijo, "Nadie conoce al Hijo sino el Padre. Ni al Padre lo conoce nadie sino el Hijo y aquel a quien el Hijo se lo quiera revelar" (Mateo 11,27). Con estas palabras Nuestro Señor nos enseña que el misterio de la Santísima Trinidad es incomprensible para nuestra mente humana.

La Santísima Trinidad es el misterio central de la vida de la Iglesia. La invocamos continuamente durante cada liturgia eucarística. Desde el comienzo de la Santa Misa, cuando nos santiguamos diciendo en el nombre del Padre, y del Hijo y del Espíritu Santo, hasta la bendición trinitaria final, la Santísima Trinidad escucha todas nuestras oraciones y peticiones y nos bendice. Las oraciones que rezamos en la misa son dirigidas continuamente a Dios Padre, por mediación de Jesucristo, en unidad con el Espíritu Santo. Y es en la Santa Misa donde los Cristianos logramos a conocer, más claramente, un poco más sobre el misterio de la Santísima Trinidad.

La Santísima Trinidad, por ser el misterio central de la Iglesia, es continuamente invocada durante toda la Liturgia Eucarística. Desde el primer momento de la Santa Misa cuando nos santiguamos diciendo, "En el Nombre del Padre, y del Hijo, y del Espíritu Santo" hasta la bendición trinitaria final, continuamente invocamos a la Santísima Trinidad. Es en la Santa Misa donde vemos de una manera muy clara la actuación unida de las tres personas de la Santísima Trinidad. En las oraciones de la Misa, especialmente durante la Oración Eucarística, nos dirigimos continuamente a Dios Padre por mediación de Jesucristo en unidad con el Espíritu Santo.

Nuestra fe Católica se basa en adorar a un Dios que es, a la vez, trino y uno: tres personas divinas en un solo Dios: la Santísima Trinidad. Hoy celebramos esta creencia central de nuestra fe. Cualquier persona que dice que no cree en ella, no puede llamarse cristiano. Desde cuando somos bautizados en el Nombre del Padre, y del Hijo, y del Espíritu Santo, somos llamados a participar en la vida de la Bienaventurada Trinidad aquí en la tierra. Es la luz que nos guía en la oscuridad de esta vida. Y después de la muerte es nuestra luz eterna.

The Most Holy Trinity

Cycle A Book 3

Readings: (R1)Exodus 34:4-6, 8-9 (R2)2 Corinthians 13:11-13 (Gos) John 3:16-18

The solemnity we are celebrating was established for the entire Western Catholic Church in the year 1334 by Pope John XXII. From that date on it was fixed for the Sunday after Pentecost.

What we are celebrating today, of course, is the Solemnity of the Holy Trinity. The Church invites us to meditate on and pray to this great mystery of our faith repeating several times a day, "Glory to the Father, and to the Son, and to the Holy Spirit." And recognizing that it has always existed and will last forever we add, "As it was in the beginning, now and ever shall be, world without end. Amen."

In our Christian religion there are some mysteries that are incomprehensible to our minds. However, we have to believe them simply because God has revealed them to us and God cannot be deceived or deceived. We can only begin to penetrate the mysteries of the Holy Trinity through faith. The Trinity is a mystery of faith in the strict sense. It is one of those mysteries hidden in God which means that human beings cannot delve into them if it is not with the help of God. Through the Bible, we can see that God left traces of his Trinitarian being in Creation and in his Revelation. But understanding the intimacy of God's being as the Holy Trinity is an inaccessible mystery for the limited intelligence of the human being.

Saint Augustine, a great theologian and Doctor of the Church, asked himself, and wanted to delve deeper, on this marvelous mystery. To this great saint, God gave much wisdom. But, despite that, Saint Augustine judged that the human mind is not capable of understanding the immensity of God. Saint Augustine warns that although it is not difficult to understand that God exists, that there are Three Persons in one God, we cannot understand using only our own resources. Jesus Christ said, "No one knows the Son but the Father. No one knows the Father except the Son and the one to whom the Son wants to reveal him" (Matthew 11:27). With these words Our Lord teaches us that the mystery of the Holy Trinity is incomprehensible to our human mind.

The Holy Trinity is the central mystery of the life of the Church. We continually invoke it during each Eucharistic liturgy. From the beginning of Holy Mass, when we cross ourselves by saying in the name of the Father, and of the Son and of the Holy Spirit, until the final Trinitarian blessing, the Holy Trinity hears all our prayers and requests and blesses us. The prayers that we say at Mass are continually directed to God the Father, through Jesus Christ, in unity with the Holy Spirit. And it is at Holy Mass where we Christians get to know, more clearly, a little more about the mystery of the Holy Trinity.

The Holy Trinity, being the central mystery of the Church, is continually invoked throughout the Eucharistic Liturgy. From the first moment of Holy Mass when we cross ourselves saying, "In the Name of the Father, and of the Son, and of the Holy Spirit" until the final Trinitarian blessing, we continually invoke the Holy Trinity. It is in the Holy Mass where we see in a very clear way the united action of the three persons of the Holy Trinity. In the prayers of the Mass, especially during the Eucharistic Prayer, we continually turn to God the Father through the mediation of Jesus Christ in unity with the Holy Spirit.

Our Catholic faith is based on worshiping a God who is both triune and one: three divine persons in one God - the Holy Trinity. Today we celebrate this core belief of our faith. Those who say they don't believe in it cannot call themselves Christians. From when we are baptized in the Name of the Father, and of the Son, and of the Holy Spirit, we are called to participate in the life of the Blessed Trinity here on earth. It is the light that guides us in the darkness of this life. And after death it is our eternal light.

Solemnidad del Cuerpo y la Sangre de Cristo

Ciclo A Tomo 3

Lecturas: (L1) Deuteronomio 8, 2. 14-16 (L2) 1 Corintios 10,16-17 (Ev) Juan 6, 51-58

Hoy celebramos la Solemnidad del Cuerpo y la Sangre de Cristo, conocida popularmente como el día de "Corpus Christi." En esta Santa Misa, debemos dar gracias a Dios de una manera especial por haberse quedado en el Santísimo Sacramento por nosotros. No fueron los grandes teólogos quienes decidieron celebrar esta festividad. Surgió espontáneamente de la piedad popular. Aunque era en el Siglo XIII cuando el Papa Urbano IV oficialmente instituyó esta gran solemnidad en toda la Iglesia Católica, ya desde los comienzos de la Iglesia la gente humilde había mostrado su fe en la presencia real de Cristo. De esta fe brotó la devoción a Jesús Sacramentado, no solamente en la Santa Misa, sino también fuera de ella. Nuestros antepasados cristianos siempre creyeron que nuestro Dios y Señor se encontraba en el sagrario y nosotros también lo creemos. Allí está Cristo. Y es allí donde debe hacerse presente nuestra adoración y amor.

Hay personas que dicen, "¿Por qué se necesita celebrar la presencia de Cristo en la Sagrada Eucaristía? Todos sabemos que Cristo está en todos los sitios". Pues es verdad que donde esta Nuestro Señor está Dios ya que El es Dios. Y Dios está en todas partes. Lo notamos en la naturaleza, en las relaciones humanas limpias y, de una manera especial, en la Iglesia Católica que Él mismo fundó. Es innegable que en cualquier lugar del mundo la Iglesia ora, enseña, predica ó muestra con caridad Jesús esta allí. Sin embargo, desde ese primer Jueves Santo, en la Última Cena con sus apóstoles, cuando tomó el pan y dijo, "Esto es mi cuerpo" y tomó la copa de vino y dijo "Esta es mi sangre," el Señor se hace verdaderamente presente, Dios y hombre, entero e íntegro, en la Sagrada Eucaristía. Desde entonces y por siempre, en cualquier sitio cuando se celebra la Santa Misa, el pan y el vino se convierten, por obra del Espíritu Santo, en el Cuerpo y la Sangre de Nuestro Señor. Esto es dogma de fe y la persona que no cree esto, no es Católica, ó solamente lo es de palabra.

Mientras es verdad que no podemos discernir con los ojos físicos la transformación radical que acontece cuando el pan y el vino se convierten en el Cuerpo y la Sangre del Señor, si tenemos las palabras de Nuestro Señor que hemos escuchado en el Evangelio hoy: "El que come mi carne y bebe mi sangre tiene vida eterna, y yo lo resucitaré en el día final. Porque mi carne es verdadera comida y mi sangre es verdadera bebida. El que come mi carne y bebe mi sangre permanece en mí y yo en él" (Juan 6, 54-56). Esta presencia real de Dios en el pan y el vino podemos percibirla por mediación de nuestra fe en estas palabras del mismo Cristo. A pesar de las palabras de Nuestro Señor en la Biblia, la devoción y el respeto que debemos tener todos los católicos hacia la Sagrada Eucaristía ha disminuido notablemente durante las últimas décadas. Sin ir más lejos, aquí, en este país, las encuestas nos dicen que un gran número de los que se auto-denominan católicos no creen que durante la Santa Misa el pan y el vino se transformen en el Cuerpo y la Sangre del Señor. Y tampoco creen que Jesús está en el Sagrario. Y esto es el origen verdadero de la crisis de fe que existe en este país y, por desgracia, en el resto del mundo. La Iglesia, en varias ocasiones, ha realzado la importancia de mostrar de diferentes maneras la reverencia a Jesús Sacramentado: la bendición con el Santísimo, las procesiones, la oración ante el Santísimo, las genuflexiones que todos debemos hacer ante el Sagrario, y la reverencia que debemos mostrar al Señor cuando el Sagrario está abierto. Sin embargo y por desgracia, estas manifestaciones de fe y de adoración cada ano van disminuyendo en número en muchas de las parroquias.

Hermanas y hermanos en la fe, hoy, Solemnidad del Cuerpo y la Sangre de Cristo, nos hemos reunido aquí en familia bajo la mirada de Nuestro Padre Celestial. Estamos celebrando el sacrificio y la victoria de Nuestro Señor Jesucristo. Demos a esta fiesta el verdadero sentido de lo que estamos celebrando. Que nuestra actitud al recibir la Sagrada Eucaristía muestre a toda la comunidad que realmente creemos, ahora y siempre, que Cristo Jesús es el Señor para alabanza y gloria de Dios Padre.

The Solemnity of the Body and Blood of Christ

Cycle A Book 3

Readings: (R1) Deuteronomy 8:2, 14-16 (R2) 1 Corinthians 10:16-17 (Gos) John 6:51-58

Today we celebrate the Solemnity of the Body and Blood of Christ, popularly known as "Corpus Christi" day. In this Holy Mass, we must thank God in a special way for having remained in the Blessed Sacrament for us. It was not the great theologians who decided to celebrate this holiday. It arose spontaneously from popular piety. Although it was in the thirteenth century that Pope Urban IV officially instituted this great solemnity throughout the Catholic Church, humble people had shown their faith in the real presence of Christ since the early days of the Church. From this faith came the devotion to the Jesus in the Blessed Sacrament, not only in Holy Mass, but also outside of it. Our Christian ancestors always believed in our Lord and God's presence in the tabernacle and we do too. There is Christ. And it is there that our adoration and love must be directed.

There are people who say, "Why is it necessary to celebrate the presence of Christ in the Holy Eucharist? We all know that Christ is everywhere". Well, while it is true that where our Lord is present, God is present since He is God. And God is everywhere. We notice this in nature, in pure human relationships and, in a special way, in the Catholic Church that He himself founded. It is undeniable that anywhere in the world the Church prays, teaches, preaches or is present with charity Jesus is there. However, from that first Holy Thursday, at the Last Supper with his apostles, when Our Lord took the bread in his hands and said, "This is my body" and took the cup of wine in his hands and said "This is my blood," the Lord truly becomes present, God and man, entirely and integrally, in the Holy Eucharist. Since then and forever, wherever Holy Mass is celebrated, bread and wine become, through the work of the Holy Spirit, the Body and Blood of Our Lord. This is a dogma of faith and the person who does not believe this is not Catholic, or only in word.

While it is true that we cannot discern with our physical eyes the radical transformation that occurs when the bread and wine become the Body and Blood of the Lord, we do have the words of Our Lord that we have heard in the Gospel today: "He who eats my flesh and drink my blood he has eternal life, and I will resurrect him on the last day. Because my flesh is real food and my blood is real drink. He who eats my flesh and drinks my blood abides in me and I in him" (John 6: 54-56). We can perceive this real presence of God in the bread and wine through our faith in these words of Christ himself. Despite the words of Our Lord in the Bible, the devotion and respect that all Catholics should have towards the Holy Eucharist has noticeably diminished during the last decades. Without going any further, here in this country, the polls tell us that a large number of those who call themselves Catholics do not believe that during Holy Mass the bread and wine are transformed into the Body and Blood of the Lord. And neither do they believe that Jesus is in the Tabernacle. And this is the true origin of the crisis of faith that exists in this country and, unfortunately, in the rest of the world. The Church, on several occasions, has highlighted the importance of showing reverence for Jesus in the Sacrament in different ways: the blessing with the Blessed Sacrament, the processions, the prayer before the Blessed Sacrament, the genuflections that we all must do before the Tabernacle, and reverence that we must show the Lord when the Tabernacle is open. However and unfortunately, these manifestations of faith and adoration each year are decreasing in number in many of the parishes.

Sisters and brothers in faith, today, the Solemnity of the Body and Blood of Christ, we have gathered here as a family under the gaze of Our Heavenly Father. We are celebrating the sacrifice and victory of Our Lord Jesus Christ. Let's give this party the true meaning of what we are celebrating. May our attitude in receiving the Holy Eucharist show to the entire community that we really believe, now and always, that Jesus Christ is Lord to the praise and glory of God the Father.

Décimo Domingo del Tiempo Ordinario

Ciclo A Tomo 3
Lecturas: (L1) Oseas 6, 3-6 (L2) Romanos 4,18-25 (Ev) Mateo 9, 9-13

En la Segunda Lectura hoy, San Pablo les recuerda a los miembros de la comunidad cristiana de Roma, que Abrahán, apoyado en la esperanza, creyó a Dio cuando le prometió que, contra toda esperanza, llegaría a ser padre de muchas naciones. Sabía que él y su esposa Sara ya no estaban en una edad para tener hijos. Sin embargo, no vaciló en la fe, aunque sabía que la promesa no era lógica dada las circunstancias. Se hizo fuerte en la fe simplemente porque sabía que Dios es capaz de hacer lo que promete.

En la historia de las relaciones entre el género humano y Dios, las promesas divinas han formado una parte muy importante de la fe que tiene el ser humano en su Creador. La promesa original que forma la base de estas relaciones, lo que los cristianos llamamos "El Antiguo Testamento", es la que Dios dio varias veces a los profetas y patriarcas judíos: "Ustedes serán mi pueblo yo seré su Dios" (Éxodo 6, 7). Es más, Dios dijo al comienzo del Éxodo del pueblo judío de Egipto, "Ustedes serán mi pueblo predilecto entre todos los pueblos" (Éxodo 19:5). Estas palabras de Dios mismo, afirmaban la creencia que tenían los judíos de que ellos eran el "Pueblo Escogido" de Dios. Lo que Dios exige de los que somos sus seguidores, de los que queremos formar parte de ese nuevo Pueblo Escogido, es que creamos en Jesucristo, Dios y hombre verdadero. Y que porque creemos, que reconozcamos que Nuestro Señor se entrego a la muerte por nosotros y rescato al género humano del poder del pecado.

Jesucristo, al empezar su ministerio público, dijo que no había venido a abolir la ley, o sea el Antiguo Testamento, sino a cumplir la promesa que Dios dio a los judíos transformándola en una promesa universal. En adelante, todo el mundo podría considerarse como pueblo de Dios. Los fundamentos de ese nuevo pueblo de Dios eran y siguen siendo los Doce Apóstoles. El Evangelio hoy nos dice que uno de los Apóstoles llamados a seguir al Señor era Mateo, un judío recaudador de impuestos.

Como he dicho antes, cuando Jesucristo formó un nuevo pueblo de Dios, cuyos fundamentos son los Doce Apóstoles, los Fariseos inmediatamente comenzaron a criticarle y, posteriormente, a hacer planes para eliminarle. Esto es comprensible porque hasta llegar Cristo, los Fariseos eran los que formaban el grupo más poderoso de la autoridad judía. Juntos con los Saduceos, otro grupo poderoso, hacían y deshacían casi a su antojo las leyes que tenían que seguir los demás judíos. Tergiversaban los mandamientos de Dios haciéndolos casi imposibles de cumplir por cualquier judío, menos los Fariseos y Saduceos mismos. Criticaban a los Publicanos, los recaudadores judíos que colaboraban con los romanos en la colecta de impuestos porque al tener relaciones comerciales con extranjeros se convertían en pecadores. Esto era a pesar de que los mismos Fariseos también colaboraban con los romanos, aunque no abiertamente. Mientras que en privado apoyaban a los romanos, públicamente oraban a Dios para que mandara un Mesías a salvar el pueblo judío de la opresión Romana. Su poder estaba seguro porque los romanos sabían que todas las posturas públicas de los Fariseos en contra de Roma eran una farsa. Por eso los romanos favorecían y apoyaban a los Fariseos.

Tengamos mucho cuidado de no convertirnos en Fariseos considerándonos mejores que los demás, de no condenar al prójimo como pecador mientras cometemos pecados nosotros. Cristo ya sabía que lo iban a criticar por hablar y cenar con Publicanos pero seguía conversaba con ellos. Por eso había dicho: "No son los sanos los que necesitan médico, sino los enfermos. Y yo no he venido a llamar a justos, sino a pecadores" (Marcos 2, 17). Si queremos ser más como Cristo no debemos olvidar que él dijo que Dios hace que el sol brille por igual sobre buenos y malos. No podemos juzgar si otros son pecadores o no porque al hacerlo, nosotros también pecamos.

Tenth Sunday of Ordinary Time
Cycle A Book 3
Readings: (R1) Hosea 6:3-6 (R2) Romans 4:18-25 (Gos) Matthew 9:9-13

In today's Second Reading, Saint Paul reminds the members of the Christian community in Rome that Abraham, supported by hope, believed God when he promised him that, against all hope, he would become the father of many nations. He knew that he and his wife Sara were no longer of an age to have children. However, he did not waver in faith, even though he knew that the promise was not logical under the circumstances. He was strong in faith simply because he knew that God is capable of doing what he promises.

In the history of the relationship between mankind and God, divine promises have formed a very important part of the faith that human beings have in their Creator. The original promise that forms the basis of these relationships, what we Christians call "The Old Testament", is the one that God gave several times to the Jewish prophets and patriarchs: "You will be my people I will be your God" (Exodus 6, 7). Furthermore, God said at the beginning of the Exodus of the Jewish people from Egypt, "You will be my favorite people among all peoples" (Exodus 19: 5). These words of God Himself affirmed the belief that the Jews had that they were the "Chosen People" of God. What God requires of those of us who are his followers, of those of us who want to be part of this new Chosen People, is that we believe in Jesus Christ, true God and true man. And because we believe, we recognize that Our Lord gave himself to death for us and rescued mankind from the power of sin.

Jesus Christ, at the beginning of his public ministry, said that he had not come to abolish the law, that is, the Old Testament, but to fulfill the promise that God gave to the Jews, transforming it into a universal promise. Henceforth, the whole world could be considered as God's people. The foundation of this new people of God was and continues to be the Twelve Apostles. Today the Gospel tells us that one of the Apostles called to follow the Lord was Matthew, a Jewish tax collector.

As I have said before, when Jesus Christ formed a new people of God, whose foundations are the Twelve Apostles. As he began to choose those who would be the apostles and he began his public ministry, the Pharisees began to criticize him and, later, to make plans to eliminate him. This is understandable because until Christ came, the Pharisees were the most powerful group of Jewish authority. Together with the Sadducees, another powerful group, they made and changed. as they pleased, the laws that other Jews had to follow. They misrepresented the commandments of God crafting laws that were impossible for any Jew to fulfill except for the Pharisees and Sadducees themselves. They criticized all they considered to be sinners, including the Publicans, the Jewish tax collectors who they accused of committing the sin of collaborating with the Romans by collecting taxes and therefore, having commercial relations with non-Jewish foreigners. This was despite the fact that the Pharisees themselves also collaborated with the Romans, although not openly. While they privately supported the Romans, they publicly prayed to God to send a Messiah to save the Jewish people from Roman oppression. Their power was secure because the Romans knew that all the public posturing of the Pharisees against Rome was a sham. That is why the Romans favored and supported the Pharisees.

Let us be very careful not to become Pharisees considering ourselves to be better and purer than others. Let us not condemn others as sinners while we commit sins ourselves. Christ already knew that the Pharisees were going to criticize him for talking to and having dinner with Publicans but he kept talking doing so. That is why he said to them: "It is not the healthy who need a doctor, but the sick. And I have not come to call the righteous, but sinners" (Mark 2:17).

If we want to be more like Christ we must not forget that he said that God makes the sun shine equally on the good and the bad. We cannot judge the sinfulness of others for in doing so, we also sin.

Undécimo Domingo del Tiempo Ordinario

Ciclo A Tomo 3

Lecturas: (L1) Éxodo 19, 2-6 (L2) Romanos 5, 6-11 (Ev) Mateo 9, 36-10, 8

Los hebreos que habían ido a Egipto en los tiempos de Jacob, no formaban un solo pueblo bajo la guía de un mismo Dios. Las doce tribus hebreos, tomando sus nombres de los doce hijos de Jacob no estaban unidos en un solo pueblo judío. El autor del libro de Génesis cuenta como Dios hizo un pacto con Abrahán diciéndole que su tribu crecería y se convertiría en un pueblo numeroso y poderoso. Pero primero tenía que pasar varios siglos como esclavos en un país extranjero. Esta profecía se cumplió cuando Dios libero el pueblo hebreo de la esclavitud en Egipto. Y es durante los cuarenta años que vagaron por el desierto en el Sinaí cuando y donde Dios toma la iniciativa y hace de las doce tribus un único pueblo de su propiedad mediante. De esa manera cumple el pacto que había hecho siglos antes.

Jesucristo, verdadero Dios y verdadero hombre, continúa la obra de Dios constituyendo un nuevo pueblo escogido, eligiendo a doce discípulos en representación de las doce tribus de Israel y como base del nuevo pueblo cristiano. Ni el pueblo de Israel, ni la Iglesia, el nuevo pueblo de Dios, se constituyeron a sí mismos. Si existen, es porque Dios los ha hecho existir. Sin embargo sin los que salieron de Egipto o sin los Doce, Dios no habría podido constituir un pueblo suyo. Los seres humanos son necesarios para formar el pueblo y para llevar a cabo su razón de ser en la historia.

El medio con que Dios constituye su pueblo es la alianza. Se trata de una alianza entre el rey (Dios) y su vasallo (el pueblo), con una serie de cláusulas con las que recíprocamente se prometen fidelidad. En esta alianza entre Dios y su pueblo, la fidelidad de Dios está más que asegurada, no así la del pueblo de Israel ni la de la Iglesia. Muchos de nuestros correligionarios muestran que solo son cristianos en nombre y no en hechos. ¿No hay aquí motivo más que suficiente para mantener con generosidad e ilusión la fidelidad a la alianza?

Dios constituyó el pueblo de Israel y posteriormente la Iglesia con un fin. Ese fin es, por un lado, proclamar y salvaguardar en la historia la creencia en un solo Dios. Por otro lado es hacer presente y viva entre los hombre la salvación universal y completa que Jesucristo nos ha traído a todos mediante su cruz y resurrección.

Estamos en una encrucijada en la historia de la humanidad. Nuestra fe cristiana que tanto ha contribuido al progreso de la humanidad, está sufriendo persecuciones a un nivel histórico. Además, muchas personas han dejado a Dios y su única meta es llenar sus vidas de cosas mundanas. A pesar de desear tanto las cosas materiales muestran más que nunca que tienen mucha necesidad de escuchar la Palabra de Dios. Jesús pide hoy a las comunidades Cristianas que sanemos al mundo actual de sus enfermedades, promoviendo la unión, la justicia y la paz. Y para que esto se realice hay que trabajar como buenos obreros para que la cosecha sea abundante. Jesús también nos invita a la oración, ya que es el medio más eficaz para que muchos encuentren la llamada de Dios. Pidamos al Señor rogándole que envíe vocaciones al sacerdocio, al diaconado permanente y a la vida religiosa, ya que mucha de la tarea de la evangelización depende de estas vocaciones. Pidámosle que nos ayude a mostrar con nuestros hechos que somos fieles seguidores suyos dispuestos a seguir sus enseñanzas sea cual sea las consecuencias.

Jesucristo tiene depositada la esperanza en nosotros, en su Iglesia. Aprendamos a seguirle fielmente como lo hicieron sus apóstoles. Jesús llamó a los doce porque les necesitaba para transmitir sus enseñanzas y para guiar su Iglesia. Eran los testigos de Jesús. Para este fin Él los preparó y les enseñó una manera de vivir que sirviera de modelo no solamente a las personas que vivían en sus tiempos sino a todas las generaciones venideras. Hagamos nuestra este modelo de la Iglesia primitiva, una iglesia que muestra su santidad viviendo lo que predica. En una palabra, seamos buenos apóstoles de Jesús.

Eleventh Sunday of Ordinary Time

Cycle A Book 3

Readings: (R1) Exodus 19:2-6 (R2) Romans5:6-11 (Gos) Mathew 9:36-10:8

The Hebrews who had gone to Egypt in Jacob's time were not one people under the guidance of one God. The twelve Hebrew tribes, taking their names from the twelve sons of Jacob, were not united into one Jewish people. The author of the book of Genesis tells how God made a covenant with Abraham telling him that his tribe would grow and become a large and powerful people. But first he had to spend several centuries as slaves in a foreign country. This prophecy was fulfilled when God delivered the Hebrew people from slavery in Egypt. And it is during the forty years that they wandered in the desert at Sinai when and where God takes the initiative and makes the twelve tribes a single people of his own. In this way he fulfills the pact he had made centuries before.

Jesus Christ, true God and true man, continues God's work by constituting a new chosen people, electing twelve disciples representing the twelve tribes of Israel and as the basis of the new Christian people. Neither the people of Israel, nor the Church, the new people of God, constituted themselves. If they exist, it is because God has made them exist. However, without those who left Egypt or without the Twelve, God would not have been able to constitute a people of his. Human beings are necessary to form the people and to carry out their reason for being in history.

The means by which God constitutes his people is the covenant. It is an alliance between the king (God) and his vassal (the people), with a series of clauses with which they promise each other loyalty. In this alliance between God and his people, God's fidelity is more than assured, not that of the people of Israel nor that of the Church. Many of the members of our faith groups show that they are only Christians in name and not in deeds. Is there not more than enough reason to maintain fidelity to the covenant with generosity and enthusiasm?

God constituted the people of Israel and later the Church with a purpose. That end is, on the one hand, to proclaim and safeguard in history the belief in one God. On the other hand, it is to make present and alive among men the universal and complete salvation that Jesus Christ has brought to all of us through his cross and resurrection.

Sisters and brothers, we are at a crossroads in human history. Our Christian faith, which has contributed so much to the progress of humanity, is suffering persecution on a historical level. Also, many people have left God and their only goal is to fill their lives with worldly things. Despite wanting material things so much, they show more than ever that they have a great need to listen to the Word of God. Today Jesus asks Christian communities to heal the current world of its diseases, to promote unity, justice and peace. And for this to be done, we must work as good workers so that the harvest is abundant. Jesus also invites us to prayer, since it is the most effective means for many to find God's call. Let us ask the Lord to send vocations to the priesthood, the permanent diaconate and religious life, since much of the task of evangelization depends on these vocations. Let us ask him to help us to show by our Works that we are his faithful followers prepared to follow his teachings always no matter what the cost.

Jesus Christ has placed his hope in us, in his Church. Let us learn to follow him faithfully as his disciples did. Jesus called the twelve because he needed them to pass on his teachings and to guide his Church. They were witnesses of Jesus. For this purpose He prepared them and taught them a way of life that would serve as a model not only for those who lived in his time but for all generations to come, including us. Let us make this model of the early Church ours, a church that shows its holiness by living what it preaches. In a word, let's be good apostles of Jesus.

Duodécimo Domingo del Tiempo Ordinario

Ciclo A Tomo 3

Lecturas: (L1) Jeremías 20, 10-13 (L2) Romanos 5, 12-15 (Ev) Mateo 10, 26-33

Vemos en el Evangelio de hoy cómo Jesús les dijo a sus apóstoles que no debían tener miedo. Sabemos que la vida no es fácil, que cada día nos trae las dificultades de ese propio día. Algunos días nos parece que sería mejor no salir de casa porque el mundo se está poniendo más y más peligroso cada día. Pero Jesús nos dice lo mismo que les dijo a sus seguidores cuando aún vivía en este mundo: que vivamos sin miedo y sin preocupemos demasiado de las cosas de esta vida porque lo que más debemos temer es vivir en pecado y, sobre todo, vivir en pecado sin propósito de enmienda.

"No teman a los que sólo pueden matar el cuerpo, pero no el alma". Esto es lo que nos dice Cristo. Y a continuación añade "Teman más bien al que puede echar el alma y el cuerpo al infierno". Satanás nos puede tentar a pecar pero no es el que nos juzga. El que nos juzga es Dios. El es el que puede echar el alma y el cuerpo al infierno. O sea, lo que nos está diciendo Nuestro Señor es que debemos temer a Dios ya que Dios es el único que puede condenarnos al infierno. Al decirnos esto nos está recordando que Dios es justo y que nosotros somos los que decidimos seguir a Satanás o a Dios, a pecar o no pecar. Pecar es como volver la espalda a Dios y, al hacer esto, le estamos diciendo al Todopoderoso que no queremos seguirle, que preferimos vivir nuestra vida sin Él. En suma que preferimos la amistad de Satanás más que la amistad de Dios. Y esto equivale a condenarnos a nosotros mismos. Los que deben temer son los que han decidido seguir a Satanás sin arrepentimiento ni remordimiento. Los que siguen a Dios, no tienen por qué tener miedo porque seguramente serán premiados con la felicidad eterna en el paraíso.

Si queremos llevar la vida como Cristo nos pide, si queremos ir entrar en el Reino de los Cielos y vivir eternamente felices en la compañía de Dios, tenemos que hacer todo lo posible para no pecar, para no ofender a Dios. Y si por alguna razón lo ofendamos, porque solo somos humanos y a veces caemos en el pecado, debemos arrepentirnos lo antes posible y confesar nuestros pecados a través del Sacramento de la Penitencia. A través de este gran sacramento, recibiremos la gracia necesaria para convertirnos en fieles seguidores del Señor de nuevo. Para poder vivir sin temor ante las tentaciones y las dificultades de la vida, debemos ser hombres y mujeres valientes y firmes en nuestra fe, sea cual sea las insidias del demonio.

Jesús sabe que los seres humanos no somos tan constantes en nuestra fe como debemos ser. Preferimos la comodidad de seguir las pautas y modas de la sociedad en que vivimos porque muchas veces nos parecen más fáciles de seguir que los mandamientos de Dios. Sin embargo la persona que vive la vocación que Dios le ha dado sin preocuparse tanto en el que dirán tendrá muchas menos inquietudes porque el Señor la recompensará con creces si confía plenamente en Él y sigue sus mandatos.

Hermanas y hermanos, sé que es mucho más fácil decir "no tengas miedo" que seguir este consejo. Pero no soy yo el que les dice que no debemos temer lo que nos puede pasar en este mundo. Es Jesús mismo. Lo que nos dice es que lo único que debemos temer es vivir en pecado y, sobre todo, vivir en pecado sin propósito de enmienda. En la Primera Lectura vemos cómo Jeremías profetizó solo. Nadie le ayudó. Muchos estaban hartos de oír cómo trataba de convertir a los que vivían en pecado. Incluso los jefes de los sacerdotes estaban enojados con el profeta porque condenaba a la sociedad malvada y pecaminosa en que la vida en que a ellos les encantaba vivir. No querían escuchar las verdades que Jeremías predicaba. Lo que decía irritaba terriblemente a quienes le oían pero, a pesar de las dificultades que tuvo que pasar, Jeremías seguía predicando, sin titubeos y sin miedos. Sigamos el ejemplo de este gran profeta. Vayamos por el mundo haciendo el bien y predicando la verdad como Cristo nos la enseñó, con nuestro ejemplo y nuestras palabras de verdad, con claridad, guste o no guste.

Twelfth Sunday of Ordinary Time

Cycle A Book 3

Readings: (R1) Jeremiah 20:10-13 (R2) Romans 5:12-15 (Gos) Mathew 10:26-33

We see in today's Gospel how Jesus told his apostles that they should not be afraid. We know that life is not easy, that each day brings us the difficulties of that day. Some days it seems to us that it would be better not to leave the house because the world is getting more and more dangerous every day. But Jesus tells us the same thing that he told his followers when he was still living in this world: that we live without fear and without worrying too much about the things of this life because what we must fear most is living in sin and, above all, living in sin without amendment purpose.

"Do not fear those who can only kill the body, but not the soul." This is what Christ tells us. And then he adds, "Rather fear him who can cast the soul and the body into hell." Satan can tempt us to sin, but he is not the one who judges us. The one who judges us is God. He is the one who can cast our souls. and the body to hell. In other words, what Our Lord is telling us is that we must fear God since God is the only one who can condemn us to hell. By telling us this, he is reminding us that God is just and that we are the ones who We decide to follow Satan or God, to sin or not to sin. Sinning is like turning our back on God and, by doing this, we are telling the Almighty that we do not want to follow him, that we prefer to live our life without Him. We prefer Satan's friendship more than God's friendship. And this is equivalent to condemning ourselves. Those who should fear are those who have decided to follow Satan without regret or remorse. Those who follow God do not have to be afraid because surely they will be rewarded with eternal happiness in paradise.

If we want to lead life as Christ asks us, if we want to go enter the Kingdom of Heaven and live eternally happily in the company of God, we have to do everything possible not to sin, not to offend God. And if for some reason we offend him, because we are only human and sometimes we fall into sin, we must repent as soon as possible and confess our sins through the Sacrament of Penance. Through this great sacrament, we will receive the grace necessary to become faithful followers of the Lord again. In order to live without fear in the face of life's temptations and difficulties, we must be men and women of courage and firm in our faith, whatever the devil's trickery.

Jesus knows that we human beings are not as consistent in our faith as we should be. We prefer the comfort of following the guidelines and fashions of the society in which we live because many times they seem easier to follow than the commandments of God. However, the person who lives the vocation that God has given him without worrying so much about what they will say will have much less worries because the Lord will more than reward him if he fully trusts in Him and follows his commands.

Sisters and brothers, I know that it is much easier to say "do not be afraid" than to follow this advice. But I am not the one who tells you that we should not fear what may happen to us in this world. It is Jesus himself. What He tells us is that the only thing we have to fear is living in sin and, above all, living in sin without amendment purpose. In the First Reading we see how Jeremiah prophesied alone. No one helped him. They were tired of hearing how he tried to convert those who lived in sin. Even the chief priests were angry with the prophet because he condemned the evil and sinful society in which they gladly lived. They did not want to hear the truths that Jeremiah preached. What he said greatly irritated those who heard him. Despite the difficulties that he had to go through, Jeremiah continued to preach, without hesitation and without fear. Let us follow the example of this great prophet. Let us do good and preaching the truth as Christ taught us, with our example and our words of truth, clearly, whether others like it or not.

Decimotercero Domingo del Tiempo Ordinario

Ciclo A Tomo 3

Lecturas: (L1)2 Reyes 4, 8-1.14-16a (L2) Romanos 6, 3-14. 8-11 (Ev) Mateo 10, 37-42

En el Evangelio, Jesús nos dice: "el que no toma su cruz y me sigue, no es digno de mí". Puede ser que estas palabras del Señor nos sea un poco difícil entender. Sin embargo si las consideramos en sentido positivo, quizás sean más fáciles de comprender: la persona que toma su cruz y sigue a Cristo, es digno de ser considerado su seguidor. Es digno aquel cristiano que está dispuesto a renunciar las cosas materiales y hasta los lazos familiares en vista de un valor sumamente superior: el amor que Dios tiene por nosotros. En realidad lo que estaba diciendo el Señor es que si queremos ser considerados fieles seguidores de Dios debemos mostrar nuestro amor por el convirtiéndole en el centro de nuestra vida. O sea, seguir a Dios debe ser más importante para nosotros que cualquier otra cosa o cualquier otra persona. Muchas personas dicen que no saben como Dios puede exigir tanto de ellas. Dicen que ya es bastante difícil prescindir de las cosas materiales. Amar a Dios más que las personas más importantes en esta vida, es imposible. Dicen que si su esposo, esposa o los hijos han hecho otros planes para el domingo, hay que dejar la misa del domingo, sin pensarlo dos veces y sin ningún remordimiento, porque la familia es más importante que la Sagrada Eucaristía. Jesús nos dice hoy que sabe que Él exige mucho pero en nuestra vida siempre debe ser primero Dios y después la familia y las demás personas.

Sin recibir la gracia que Dios da a todos los que nos unimos a Él, escuchando su Palabra, comiendo su cuerpo y bebiendo su sangre, es muy difícil vivir una vida "como Dios manda". Es casi imposible despojar nuestra vida de personas, situaciones y cosas que nos separan de Dios. Cuando siempre ponemos a la oración, especialmente la Santa Misa, en segundo plano, comenzamos a sentir que nuestra vida espiritual se debilita dejando sitio para que crezca el pecado en nuestras vidas. Pero cuando el amor a Dios llena nuestro corazón y nuestra alma no hay resquicio por donde pueda entrar el Enemigo.

Precisamente cuando comenzamos a anteponer otras personas, cosas y situaciones ante Dios, ponemos en peligro nuestra vida espiritual; cuando decimos que porque oramos en casa podemos prescindir de ir a Misa en comunidad; cuando decimos que no necesitamos recibir al Señor en la Sagrada Eucaristía para sentir su presencia real en nuestra vida. Cuando decimos y hacemos estas cosas, estamos despreciando a todo lo que Jesucristo vino a enseñarnos. Estamos mostrando nuestro desdén a Dios - al Todopoderoso que nos ha dado la vida y nos mantiene en existencia. Debemos recordar siempre que lo más importante no es que la vida nos ha dado tanto, como dice la canción popular, sino que es Dios quien nos ha dado la vida y que Dios es él que nos ha dado tanto.

Los hechos y las palabras, incluso los más bellos no serán acogidos debidamente, si son sólo hechos y palabras y no brotan de una vida espiritual firme y coherente. Debemos seguir el ejemplo de todos los mártires de nuestra fe, desde San Esteban, el primer mártir, hasta las personas que están dando su vida hoy en día por no traicionar sus creencias. Ser mártir siempre ha sido un camino duro y exigente. A ejemplo de Jesucristo, que dio su vida por todos por coherencia con su predicación y su doctrina, los mártires culminan su testimonio de vida cristiana muriendo por la fe. No es suficiente decir que creemos. Nosotros podemos seguir el ejemplo de los mártires, predicando con nuestro buen ejemplo y manifestando con nuestros hechos que somos seguidores de Cristo. Cuando mostremos de esta manera que somos capaces de darlo todo por Cristo; cuando mostremos que estamos dispuestos a tomar nuestra cruz, aunque esto nos separe de familiares y amigos, podremos decir que sigamos a Cristo de verdad.

Es verdad que las lecturas que escuchamos durante la Misa nos ayudan a crecer espiritualmente y a conocer más nuestra propia fe. Pero es la Sagrada Eucaristía que no solo es una muestra de que formamos una sola familia de Dios sino que nos fortalece y nos hace crecer en la gracia, o sea, el amor que Dios tiene por nosotros. Recibir la Santa Comunión en comunidad nos debe dar la paz de saber que Dios nos ama y la fortaleza para desposeernos de cualquier persona o cosa que nos separa de Él.

Thirteenth Sunday of Ordinary Time

Cycle A Book 3

Readings: (R1) 2 Kings 4:8-11, 14-16 (R2) Romans 6:3-4, 8-11 (Gos) Mathew 10:37-42

In the Gospel, Jesus tells us: "whoever does not take up his cross and follow me is not worthy of me." It may be that these words of the Lord are a little difficult for us to understand. However, if we consider them in a positive sense, perhaps they are easier to understand: the person who takes up his cross and follows Christ, is worthy of being considered his follower. Worthy is the Christian who is willing to renounce material things and even family ties in view of an extremely superior value: the love that God has for us. In reality what the Lord was saying is that if we want to be considered faithful followers of God we must show our love for him by making him the center of our life. In other words, following God must be more important to us than anything else or anyone else. Many people say they don't know how God can demand so much of them. They say that it is difficult enough to do without material things. Loving God more than the most important people in this life is impossible. They say that if your husband, wife or children have made other plans for Sunday, you have to leave Sunday Mass, without thinking twice and without any regrets, because the family is more important than the Holy Eucharist. Jesus tells us today that He knows that He demands a lot but in our life it must always be God first and then family and other people.

Without receiving the grace that God gives to all of us who join him, listening to his Word, eating his body and drinking his blood, it is very difficult to live a life "as God intended." It is almost impossible to strip our lives of people, situations and things that separate us from God. When we always put prayer, especially Holy Mass, in the background, we begin to feel that our spiritual life is weakened, leaving room for sin to grow in our lives. But when the love of God fills our hearts and our souls, there is no opening through which the Enemy can enter.

Precisely when we begin to put other people, things and situations before God, we endanger our spiritual life; when we say that because we pray at home we can do without going to Mass in community; when we say that we do not need to receive the Lord in the Holy Eucharist to feel his real presence in our life. When we say and do these things, we are despising all that Jesus Christ came to teach us. We are showing our disdain for God - the Almighty who has given us life and keeps us in existence. We must always remember that the most important thing is not that life has given us so much, as the popular song says, but that it is God who has given us life and that it is God who has given us so much.

Deeds and words, even the most beautiful ones, will not be duly received, if they are only deeds and words and do not spring from a firm and coherent spiritual life. We must follow the example of all the martyrs of our faith, from Saint Stephen, the first martyr, to the people who are giving their lives today for not betraying their beliefs. Being a martyr has always been a tough and demanding path. Following the example of Jesus Christ, who gave his life for all to be consistent with his preaching and doctrine, the martyrs culminate their testimony of Christian life by dying for faith. It is not enough to say that we believe. We can follow the example of the martyrs, preaching with our good example and showing with our actions that we are followers of Christ. When we show in this way that we are capable of giving everything for Christ; When we show that we are willing to take up our cross, even if this separates us from family and friends, we can say that we truly follow Christ.

It is true that the readings we hear during Mass help us grow spiritually and learn more about our own faith. But it is the Holy Eucharist that is not only a sign that we form a single family of God but also strengthens us and makes us grow in grace, that is, the love that God has for us. Receiving Holy Communion in community should give us the peace of knowing that God loves us and the strength to dispossess us of any person or thing that separates us from Him.

Decimocuarto Domingo del Tiempo Ordinario

Ciclo A Tomo 3

Lecturas: (L1) Zacarías 9, 9-10 (L2) Romanos 8, 9. 11-13 (Ev) Mateo 11, 25-30

Hermanas y hermanos, Dios sabe que la vida no es fácil. Todos tenemos problemas. Cuando pensamos en todos los obstáculos y las complicaciones que nos trae la vida diaria a veces nos sentimos como un naufrago, tratando de llegar a tierra, casi sin fuerzas para seguir luchando. Nos cuesta creer que alguien nos echará un salvavidas que podemos usar para llegar a un sitio seguro. Incluso, a veces, pensamos que ni Dios puede ayudarnos resolver la situación. Hoy, en el evangelio, Nuestro Dios y Salvador, Jesucristo, nos dice que cuando pensamos que todo el mundo se ha olvida de nosotros, cuando creemos que nadie nos socarrará, El está a nuestro lado. Y en realidad, pensándolo bien, en este mundo materialista y egoísta en que nos toca vivir, ¿a quién más podremos recurrir?

Muchas veces, cuando acudimos al Señor le pedimos que resuelva todos nuestros problemas inmediatamente, pongamos algo de nuestra parte. Nos pide que le imitemos en nuestra manera de vivir, en nuestra manera de actuar. En el Evangelio el Señor nos dice que su yugo es ligero. La palabra yugo es una palabra que usan los agricultores para un instrumento de madera al cual se enganchan por el cuello las mulas o los bueyes para que puedan tirar de un carro o un arado los dos animales a la vez. Así los dos animales comparten el peso que se convierte en más llevadero y ligero. Lo que nos dice el Señor en el evangelio es que Él desea hacer todo lo que tiene que hacer para ayudarnos en nuestra vida cotidiana pero no lo va hacer todo. Nosotros también tenemos que aguantar nuestra parte de la carga.

Hoy en día muchas personas dicen que la sociedad en su conjunto tiene una obligación de suministrarles todo: bien sea el trabajo, la casa, el salario, etc. Incluso los jóvenes actúan como si sus padres, sus profesores y los dueños de los negocios donde trabajan deben darles todo sin que ellos hagan casi nada. Sin embargo, muchas veces las mismas personas que exigen que otros cumplan con sus obligaciones hacia ellos, se desentienden de sus propias obligaciones. Y al no cumplir con sus deberes de tipo laboral, familiar o social, por no hacer lo que es su obligación, dan doble trabajo y responsabilidad a los otros. Es como el buey que decide no cooperar en la tarea de tirar del carro y deja todo el trabajo al "conyugue", o sea al otro buey que teniendo las mismas obligaciones, no se retira de la obra, sino que sigue tratando de cumplir con su deber.

La palabra "cónyuge' es una palabra que define y establece la relación entre marido y mujer. He oído, alguna vez, en clases prematrimoniales a algunas personas decir que no les gusta ni la palabra ni el concepto de ser cónyuge. Dicen que es un concepto antiguo que define una situación casi de esclavitud en el matrimonio. Bajo mi punto de vista, cualquier persona que piensa así, ya está poniendo trabas a las relaciones que deben tener no solo con su futuro marido o mujer, sino con otras personas que conoce. Es obvio que la persona que no quiere ser un cónyuge o sea que no desea cooperar para el bien común es como el buey que no tira. No solo causa problemas para la sociedad en que vive sino que cree problemas de convivencia en su propia vida. Jesucristo nos dice, vez tras vez, que somos seres humanos y como tal vivimos y convivimos en un valle de lagrimas. Es normal encontrar obstáculos y problemas en nuestro caminar por esta vida. No siempre podremos resolver estas contrariedades sin ayuda. Pero sí es más probable que se resuelvan trabajando en conjunto con otras personas. Cabe mencionar que los matrimonios deben actuar de tal forma que no proporcionen conflictos innecesarios entre los cónyuges. Nuestra obligación es tratar de aligerar, con nuestra buena voluntad, la carga de los que están más cerca de nosotros. Sin embargo, siempre pueden acudir al Señor pidiéndole ayuda cuando no saben cómo resolver un problema.

Jesús nos recuerda, vez tras vez en el Nuevo Testamento, que muchas veces si confiamos solamente en nuestras propias fuerzas nunca podremos vencer la adversidad. Pero si somos humildes y dejamos que el Espíritu de Jesús resucitado habite en nosotros, Él nos ayudará.

Fourteenth Sunday of Ordinary Time

Cycle A Book 3

Readings: (R1) Zechariah 9:9-10 (R2) Romans 8:9, 11-13 (Gos) Mathew 11: 25-30

Sisters and brothers, God knows life is not easy. We all have problems. When we think about all the obstacles and complications that daily life brings us, sometimes we feel like a shipwrecked man, trying to reach land, with almost no strength to continue fighting. We have a hard time believing that someone will throw us a lifeline that we can use to get to safety. Sometimes we even think that not even God can help us solve the situation. Today, in the gospel, Our God and Savior, Jesus Christ, tells us that when we think that the whole world has forgotten us, when we believe that no one will help us, He is by our side. And really, on second thought, in this materialistic and selfish world in which we live, who else can we turn to?

Many times, when we go to the Lord we ask Him to solve all our problems immediately, let's do something on our part. He asks us to imitate him in our way of living, in our way of acting. In the Gospel the Lord tells us that his yoke is light. The word yoke is a word used by farmers for a wooden instrument to which mules or oxen are hooked by the neck so that both animals can pull a cart or plow at the same time. Thus the two animals share the weight that becomes more bearable and lighter. What the Lord tells us in the gospel is that He wants to do everything He has to do to help us in our daily lives but He will not do everything. We too have to bear our share of the burden.

Today many people say that society as a whole has an obligation to provide them with everything: be it work, home, salary, etc. Even young people act as if their parents, teachers, and the owners of the businesses where they work should give them everything without them doing almost anything. However, many times the same people who demand that others fulfill their obligations towards them, ignore their own obligations. And by not fulfilling their work, family or social duties, by not doing what is their obligation, they give double work and responsibility to others. It is like the ox that decides not to cooperate in the task of pulling the cart and leaves all the work to the "spouse", that is, to the other ox that, having the same obligations, does not withdraw from the work, but continues to try to comply with your duty.

The word "conjugal" is a word that defines and establishes the relationship between husband and wife. I have heard some people in premarital classes say that they do not like the word or the concept of being in a conjugal relationship. They say that it is an old concept that defines a situation almost of slavery in the marriage. From my point of view, anyone who thinks like that is already putting obstacles in the type of relationship they should have not only with their future husband or wife, but with other people they know. It is obvious that the person who does not want to be a spouse, to be in a conjugal relationship, who does not wish to cooperate for the common good is like the ox that does not pull together. He or she does not only cause problems for the society in which they live but creates problems of coexistence in their own life. Jesus Christ tells us, time after time, that we are human beings and as such we live and coexist in a valley of tears. It is normal to find obstacles and problems in our journey through this life. We cannot always resolve these issues without help. But they are more likely to be resolved by working together with other people. It should be mentioned that married couples must act in such a way that they do not create unnecessary conflicts between the spouses. Our obligation is to try to lighten, with our good will, the burden of those who are closest to us. However, spouses should always realize that they can always turn to the Lord for help when they don't know how to solve a problem.

Jesus reminds us, time after time in the New Testament, that many times if we rely solely on our own strength we can never overcome adversity. But if we are humble and let the Spirit of the risen Jesus dwell in us, He will help us.

Decimoquinto Domingo del Tiempo Ordinario

Ciclo A Tomo 3

Lecturas: (L1) Isaías 55,10-11 (L2) Romanos 8,18-23 (Ev) Mateo 13,1-23

Los evangelios no relatan todo lo que pasó en la vida de Nuestro Señor desde su nacimiento hasta su muerte. Lo que describen son puntos claves de su vida. Precisamente en el Evangelio hoy, San Mateo nos muestra uno de esos puntos importantes. Debemos recordar que los primeros seguidores de Jesús eran gente pobre y trabajadora del Oriente Medio. Por eso Jesús, y todos los predicadores judíos de su tiempo cuando predicaban usaban palabras y conceptos que podían comprender los que les escuchaban

El Evangelio nos dice que en una ocasión Jesús salió de casa y se dirigió al Lago de Genesaret. Al llegar, vio tanta gente reunida esperándole que decidió subirse a una barca. Se sentó y les expuso lo que hoy en día llamamos la Parábola del Sembrador. Esta parábola no fue dirigida solamente a las personas allí reunidas y a los apóstoles, sino también a toda la humanidad. Es un llamado a la conversión.

Jesús utilizó la parábola del sembrador y la semilla porque describe una situación muy conocida a los que la estaban escuchando. En Galilea y sus alrededores el terreno era difícil para la siembra - muchas colinas y poco terreno fértil. La tierra en sí era pobre. Usó este ejemplo porque quería acoplar la parábola a la manera de hablar y la mentalidad de los campesinos. Con esta parábola, Nuestro Señor hizo varias comparaciones para que los apóstoles asimilaran mejor la enseñanza. Esta manera de hablar es muy eficaz en la educación. Precisamente en los tiempos de Jesús muchos maestros de la ley utilizaban comparaciones similares para que sus discípulos captaran mejor sus enseñanzas.

Jesús es el agricultor que siembra la semilla de la Palabra de Dios. Lo mismo que el sembrador esparce las semillas en la siembra, Cristo revela sus enseñanzas a toda la humanidad. Toda persona que haya puesto aunque solo sea una semilla en su jardín sabe que el resultado depende del terreno donde se siembra la semilla. Con las personas ocurre lo mismo.

Muchos escuchan la Palabra de Dios pero el terreno no es fértil. Debido a ello no la asimilan. Cuando la escuchan se sienten eufóricos y hasta con buenas disposiciones. Reciben la palabra con entusiasmo. Pero cuando las cosas no van bien en su vida espiritual no son capaces de hacer el mínimo esfuerzo para mejorarla. Se desaniman. Y todos los buenos propósitos que hicieron se marchitan y mueren.

Otras personas, cuando lean las lecturas y escuchan las predicaciones, no ponen atención. Oyen la Palabra pero no la escuchan. Debido a esto no pueden relacionar lo que Dios les está diciendo por mediación de su Palabra con lo que está pasando en sus vidas. Lo que pasa con estas personas es que en el fondo ni tienen interés, ni tienen fe. Lo que se les está diciendo Dios, piensan que no es para ellos.

También hay personas que sí escuchan, e incluso comprenden la Palabra y la asimilan, pero cuando llegan las tentaciones se dejan arrastrar por las insidias del Enemigo: por la vanidad, por la preocupación en adquirir dinero, por el querer almacenar cosas materiales. La ambición desordenada que llevan dentro no deja que la buena semilla, que el Señor esparció, crezca en ellos. Su mente está en otras cosas que pueden encontrar y codiciar en el mundo, y la Palabra no les interesa. No crecen espiritualmente y la semilla del Reino que Dios promete, en ellos no germina.

Las personas que escuchan la Palabra y deciden seguirla dejando las cosas materiales que el mundo engañoso les ofrece serán las que cosechen buenos frutos, las que crecerán espiritualmente. Esto es lo que el Señor espera de nosotros, que seamos terreno fértil para que podamos acoger la gracia de Dios.

Hermanas y hermanos, para que la semilla de la fe se desarrolle primero se necesita tierra fértil: una vida donde ya existe fuerza de voluntad, fe, esperanza y humildad. Si la semilla no echa raíces, la culpa no es de la semilla, ni del sembrador. La culpa es del terreno donde se sembró.

Fifteenth Sunday of Ordinary Time

Cycle A Book 3

Readings: (R1) Isaiah 55:10-11 (R2) Romans8:18-23 (Gos) Mathew 13:1-23

The Gospels do not relate everything that happened in the life of Our Lord from his birth to his death. What they describe are key points in his life. Precisely in today's Gospel, Saint Matthew shows us one of those important points. We must remember that the first followers of Jesus were poor, hard-working people from the Middle East. That is why Jesus, and all the Jewish preachers of his time when they preached, used words and concepts that could be understood by those who listened to them.

The Gospel tells us that on one occasion Jesus left home and went to Lake Genesaret. When he arrived, he saw so many people gathered waiting for him that he decided to get into a boat. He sat down and told them what we now call the Parable of the Sower. This parable was not addressed only to the people gathered there and to the apostles, but also to all humanity. It is a call to conversion.

Jesus used the parable of the sower and the seed because it describes a situation well known to those who were listening. In and around Galilee the terrain was difficult for planting - many hills and little fertile soil. The land itself was poor. He used this example because he wanted to match the parable to the way of speaking and the mentality of the peasants. With this parable, Our Lord made several comparisons so that the apostles could better assimilate the teaching. This way of speaking is very effective in education. Precisely in the time of Jesus many teachers of the law used similar comparisons so that their disciples would better grasp their teachings.

Jesus is the farmer who sows the seed of God's Word. Just as the sower spreads the seeds in the sowing, Christ spreads his teachings in all mankind. Anyone who has planted even just one seed in their garden knows that the result depends on the earth in which the seed is planted. The same thing happens with people.

Many hear the Word of God but the ground is not fertile. Because of this they do not assimilate it. When they listen to it they feel euphoric and even with good dispositions. They receive the word with enthusiasm. But when things are not going well in their spiritual life they are not able to make the slightest effort to improve it. They get discouraged. And all the good purposes they made wither and die.

Other people, when they read the readings and listen to the sermons, do not pay attention. They hear the Word but they don't hear it. Because of this they cannot relate what God is saying to them through His Word with what is happening in their lives. The thing about these people is that deep down they neither have interest, nor do they have faith. What God is saying to them, they think is not for them.

There are also people who do listen, and even understand the Word and assimilate it, but when temptations come, they allow themselves to be carried away by the tricks of the Enemy: by vanity, by worrying about acquiring money, by wanting to store material things. Their inordinate ambition does not allow the good seed that the Lord has scattered to grow in them. Their mind is on other things they can find and covet in the world, and the Word does not interest them. They do not grow spiritually and the seed of the Kingdom that God promises does not germinate in them.

The people who listen to the Word and decide to follow it by leaving the material things that the deceptive world offers them will be the ones who reap good fruits, the ones who will grow spiritually. This is what the Lord expects of us, that we be fertile ground so that we can welcome God's grace.

Sisters and brothers, for the seed of faith to develop first, fertile soil is needed: a life where there is already strength of will, faith, hope and humility. If the seed does not take root, it is not the fault of the seed, nor of the sower. The fault lies with the land where it was planted.

Decimosexto Domingo del Tiempo Ordinario

Ciclo A Tomo 3

Lecturas: (L1) Sabiduría 12,13. 16-19 (L2) Romanos 8, 26-27 (Ev) Mateo 13, 24-43

Muchas veces, cuando ocurre algún hecho obviamente siniestra en el mundo, la pregunta que los creyentes nos hacemos es, "¿Siendo cristiano, cómo puedes creer en un Dios que deje que existe la maldad?" La respuesta es, a la vez, sencilla y complicada.

Nuestra fe cristiana es, a la vez optimista y realista. Los cristianos, siendo optimistas, no creemos que vivamos en un paraíso donde todo el mundo es bueno y no existe la malevolencia. Somos realistas porque sabemos que a menudo es muy difícil resistir las tentaciones que nos lleva a pecar. Esto no es porque somos malvados, sino porque somos débiles. Sin embargo, creemos que la maldad será vencida y el bien triunfará. No cerramos los ojos al mal. Sabemos que vivimos en un valle de angustias donde existe el pecado que es la causa y el origen de la maldad. Reconocemos que esa maldad existe a nuestro alrededor. Pero, a la vez, sabemos que si vivimos y actuamos según las enseñanzas de Jesucristo, alimentados con la gracia del Espíritu Santo podemos vencer las insidias de Satanás. Sabemos que queremos alcanzar el paraíso pero reconocemos que la Confesión existe precisamente porque pecamos.

En el Evangelio que hemos escuchado hoy, el Señor nos habla del sembrador, del trigo y de la cizaña. Nos dice que el campo donde Cristo siembra es el mundo. Quizás algunos no conocen la cizaña de la cual el Señor habla en su parábola. Esta planta es muy parecida al trigo antes de que se forme la espiga. Pero cuando el trigo está para cosechar se diferencia grandemente. La cizaña es estéril y la espiga de la cizaña es mucho más delgada que la espiga del trigo. La pregunta que propone la parábola es: "¿Qué hacer con la cizaña? ¿Qué hacer con la maldad que existe en este mundo?"

Muchas personas se escandalizan cuando ven que el mal se multiplica en todas las partes. Lo que nos está diciendo el Señor en la parábola de trigo y la cizaña es que no todo lo que parece bueno es, de hecho, bueno. Y no todo lo que parece malo lo es. Satanás trata de mezclar las intenciones y obras malas con las buenas de tal manera que para muchas personas es difícil ver la diferencia entre una y otra. Y en cuanto el mal entra en una sociedad, se extiende rápidamente. El aborto es un ejemplo de esta situación.

A través de esta parábola, el Señor nos dice que siempre existirá el mal junto con el bien y que muchas veces nos será difícil distinguir entre uno y otro. Para los cristianos, el ser buen trigo en medio de la mala hierba significa que tenemos que distinguir con claridad que es lo bueno y que es lo malo. Debemos distinguir cuáles son las pautas que debemos seguir y cuáles son las que Satanás está intentando infiltrar en nuestras mentes y en nuestros corazones. Sabemos que esto no es fácil precisamente porque la sociedad en que vivimos nos empuja a creer que lo importante es vivir una vida desordenada, sin restricciones y sin obligaciones. Nos dice que debemos hacer lo que nos apetece hacer, sin preocuparnos si lo que hacemos es intrínsecamente malos o buenos.

Muchos piensan que cuando el bien o el mal crecen en el mundo, es por mérito de la humanidad. Piensan que Dios es como el gran "relojero" que creó el reloj, le dio cuerda y lo soltó. Según estos, a Dios no le importa lo que pasa en el mundo. Ya no está involucrado en el mundo. Nosotros creemos que es, más bien, por la acción sobrenatural y constante de Dios que el bien crece, no solo en el corazón del ser humano, sino también en el mundo entero. El bien y el mal tienen orígenes diversos. Al crear todo lo que existe, Dios sembró el bien en el mundo y en el corazón humano. En el libro de Génesis, escuchamos que Dios miró todo lo que había creado, incluyendo el ser humano y consideró que todo era muy bueno. Los católicos creemos que Dios sigue preocupándose por el bienestar del ser humano. El mal proviene de Satanás, padre de toda la maldad que ha existido y existe en el mundo. El mal crece dentro de nosotros y en el mundo, porque el maligno lo provoca y lo promueve haciéndolo atractivo. Nuestra obligación como cristianos es perseverar con valentía en el bien sin desanimarnos.

Sixteenth Sunday of Ordinary Time

Cycle A Book 3

Readings: (R1) Wisdom 12:13, 16-19 (R2) Romans 8:26-27 (Gos) Mathew 13:24-43

When some sinister event occurs in the world, the question that non-believers ask is, "As a Christian, how can you believe in a God who lets evil exist?" The answer is both simple and complicated.

Our Christian faith is both optimistic and realistic. Christians are optimistic. We do not believe that we live in a paradise where everyone is good and there is no malevolence. We are realistic because we know that it is often very difficult to resist the temptations that lead us to sin. This is not because we are evil, but because we are weak. However, we believe that evil will be conquered and good will triumph. We do not close our eyes to evil. We know that we live in a valley of anguish where there is sin that is the cause and origin of evil. We recognize that this evil exists around us. But, at the same time, we know that if we live and act according to the teachings of Jesus Christ, fed with the grace of the Holy Spirit, we can overcome the tricks of Satan. We know that we want to reach paradise but we recognize that Confession exists precisely because we sin.

In the Gospel that we have heard today, the Lord speaks to us of the sower, the wheat and the tares. It tells us that the field where Christ sows is the world. Perhaps some do not know the tares of which the Lord speaks in his parable. This plant is very similar to wheat before the spike is formed. But when the wheat is to be harvested it differs greatly. The tares are sterile and the tares head is much thinner than the wheat head. The question posed by the parable is: "What to do with the weed? What to do with the evil that exists in this world?"

Many people are scandalized when they see evil multiplying everywhere. What the Lord is telling us in the parable of wheat and weeds is that not everything that seems good is, in fact, good. And not everything that seems bad is. Satan tries to mix bad intentions and deeds with good ones in such a way that for many people it is difficult to see the difference between one and the other. And as soon as evil enters a society, it spreads rapidly. Abortion is an example of this situation.

Through this parable, the Lord tells us that evil will always exist alongside good and that many times it will be difficult for us to distinguish between one and the other. For Christians, being good wheat in the midst of weeds means that we have to clearly distinguish what is good and what is bad. We must distinguish which are the guidelines to follow and which are the ones that Satan is trying to infiltrate into our minds and hearts. We know that this is not easy precisely because the society in which we live pushes us to believe that the important thing is to live a disorderly life, without restrictions and without obligations. It tells us that we should do what we want to do, without worrying about whether what we are doing is inherently bad or good.

Many think that when good or evil grows in the world, it is due to humanity's merit. They think that God is like the great "watchmaker" who created the watch, wound it, and released it. According to these, God does not care what happens in the world. He is no longer involved in the world. We believe that it is, rather, through the supernatural and constant action of God that good grows, not only in the heart of the human being, but also in the entire world. Good and evil have different origins. By creating all that exists, God sowed good in the world and in the human heart. In the book of Genesis, we hear that God looked at everything he had created, including humans, and considered everything to be very good. Catholics believe that God continues to care about the welfare of the human being. Evil comes from Satan, father of all evil that has ever existed and exists in the world. Evil grows within us and in the world, because the evil one provokes it and promotes it by making it attractive. Our obligation as Christians is to courageously persevere in the good without becoming discouraged.

Decimoséptimo Domingo del Tiempo Ordinario

Ciclo A Tomo 3

Lecturas: (L1) 1 Reyes 3, 5. 7-12 (L2) Romanos 8, 28-30 (Ev) Mateo 13, 44-52

Este domingo, San Mateo sigue contándonos en el Evangelio como Nuestro Señor trataba de explicarles a sus seguidores como era el Reino de Dios. Como la mayoría de sus seguidores era gente de a pie, Jesús usaba un método de enseñanza bien conocida por los rabinos y maestros de su tiempo: La semana pasada les explico que la maldad existe precisamente porque los seres humanos pecamos y volvemos la espalda a Dios. Aunque esta semana seguimos escuchando las parábolas que usó el Señor notamos un cambio en lo que esta ensenando.

Cuando predicó estas parábolas a la gente allí reunida, Jesús cada comparación que hizo con las mismas palabras: "El Reino de los Cielos se parece a… "tres veces consecutivas. A continuación expuso una descripción del reino usando situaciones que la gente común que le escuchaba hubiera entendido inmediatamente. Y al final de sus comparaciones les dice lo que sucederá con la humanidad, tanto los que siguen sus mandatos como los que no: "… saldrán los ángeles, separarán a los malos de los buenos y los echarán al horno encendido. Allí será el llanto y el rechinar de dientes". El motivo quizás fue para que aquellas personas comprendieran mejor de lo que estaba hablando. Las personas a las que Jesús hablaba conocían cómo eran los reyes y los reinos del mundo con sus envidias, lujurias, y falsedades. El pueblo común sabía que probablemente nunca pasearían las riquezas de los acaudalados. Por eso el Señor les habla claramente otra clase de reino, de un reino que no es de este mundo. Hablaba del Reino de los Cielos que cada uno de nosotros, si lo deseamos, podremos alcanzar.

Estas parábolas nos muestran la gran necesidad que tenemos todos de retirar de nuestras vidas, de nuestra sociedad y de nuestra Iglesia todo lo malo cambiándolo por bueno.

Hoy en día nos parece que hay mucha gente que ha olvidado lo que es el Reino de los Cielos. Prefieren tratar la fama, riqueza o lujo que creen que pueden alcanzar aquí en la tierra. Creen que si pueden llegar a ser ricos, todos los problemas que encuentran en sus vidas se arreglaran. Tener y obtener es el lema que siguen. A veces pensamos que todo y todos los que vemos a nuestro alrededor nos recuerda que en este mundo existe mucho egoísmo, avaricia, y envidia. ¿Y qué vamos a decir sobre los odios? No hay más que poner la televisión o abrir un periódico para ver todo esto que acabo de mencionar.

A todos los que creen que el lujo y la codicia son el camino hacia el cielo, les aconsejaría leer nuestra Primera Lectura hoy. Es del Libro de los Reyes y nos dice que cuando Dios le dio la oportunidad al Rey Salomón, uno de los reyes más famosos del pueblo judío, de tener cualquier cosa que quisiera tener, Salomón le pidió al Señor, "Da a tu siervo un corazón dócil para gobernar a tu pueblo, para discernir el mal del bien…. Meditemos bien las palabras de este rey tan poderoso. Tratemos de emularlo aprendiendo a ser responsables desprendiéndonos, como hizo Salomón, de las riquezas y de las vanidades. Dios estaba dispuesto a darle riquezas incontables. Sin embargo, esto no es lo que pidió a Dios. El Señor, al ver que Salomón era un rey sabio y humilde, le dio todo lo que había pedido y mucho más. Y es que el Señor nos lo da sin que le pidamos si ve que lo vamos a administrar con sabiduría y que vamos a ser desprendidos con lo que Él nos da.

Hermanas y hermanos, en la Segunda Lectura, San Pablo nos recuerda lo que Dios promete hacer para los que rechazan las tentaciones de este mundo, escuchan su llamado y le siguen fielmente: "A los que predestinó, los llamó; a los que llamó, los justificó; a los que justificó, los glorificó".

Seventeenth Sunday of Ordinary Time
Cycle A Book 3
Readings: 1) 1 Kings 3:5, 7-12 2) Romans 8:28-30 3) Matthew 13:44-52

his Sunday, Saint Matthew continues to tell us in the Gospel how Our Lord tried to explain to his followers what the Kingdom of God was like. Since most of his followers were ordinary people, Jesus used a teaching method well known to the rabbis and teachers of his time: Last week I explained that evil exists precisely because human beings sin and turn our backs on God. . Although this week we continue to listen to the parables that the Lord used, we notice a change in what he is teaching.

When Jesus preached these parables to the people gathered there, each comparison he made with the same words: "The Kingdom of Heaven looks like ..." three times in a row. He then gave a description of the kingdom using situations that ordinary people listening to him would have understood immediately. And at the end of his comparisons he tells them what will happen to humanity, both those who follow his mandates and those who do not: "… the angels will come out, separate the bad from the good and throw them into the fired furnace. There will be the crying and the grinding of teeth". Perhaps the reason was so that those people understood better what he was talking about. The people Jesus spoke to knew what the kings and kingdoms of the world were like with their envies, lusts, and falsehoods. The common people knew that the riches of the wealthy would probably never walk. That is why the Lord clearly speaks to them of another kind of kingdom, of a kingdom that is not of this world. He spoke of the Kingdom of Heaven that each one of us, if we wish, can achieve.

These parables show us the great need that we all have to remove from our lives, from our society and from our Church everything that is bad, changing it for good.

Today it seems to us that there are many people who have forgotten what the Kingdom of Heaven is. They prefer to treat the fame, wealth or luxury that they think they can achieve here on earth. They believe that if they can become rich, all the problems they encounter in their lives will be fixed. Have and obtain is the motto that they follow. Sometimes we think that everything and everyone we see around us reminds us that in this world there is a lot of selfishness, greed, and envy. And what are we going to say about hatreds? You just have to turn on the television or open a newspaper to see all this that I just mentioned.

To all who believe that luxury and greed are the way to heaven, I would advise you to read our First Reading today. It is from the Book of Kings and it says to us that when God gave King Solomon, one of the most famous kings of the Jewish people, the opportunity to have anything he wanted to have, Solomon said to the Lord, "Give your servant a docile heart to govern your people, to discern evil from good…. Let's meditate well on the words of this powerful king. Let us try to emulate him and learn to be responsible detaching ourselves, as Solomon did, from riches and vanities. God was willing to give him untold riches. However, this is not what he asked of God. The Lord, seeing that Solomon was a wise and humble king, gave him everything he had asked for and much more. And it is that the Lord gives it to us without our asking if he sees that we are going to administer it with wisdom and that we are going to be detached with what He gives us.

Sisters and brothers, in the Second Reading, Saint Paul reminds us of what God promises he will do for those who reject the temptations of this world, listen to his call and follow him faithfully: "Those whom he predestined, he called; those he called, he justified; those whom he justified, he glorified.

Decimoctavo Domingo del Tiempo Ordinario

Ciclo A Tomo 3

Lecturas: (L1) Isaías 55,1-3 (L2) Romanos 8, 35. 37-39 (Ev) Mateo 14, 13-21

Los evangelios nos cuentan que el pueblo normal y corriente se dio cuenta mucho antes que los dirigentes judíos que Jesucristo era alguien fuera de lo común. No era como los predicadores errantes que abundaban en su tiempo. Era alguien que decía y hacia cosas que calaban en el corazón y el alma de todos los que le escuchaban y veían. Sin embargo, para las autoridades religiosas y civiles judías, Nuestro Señor era un hombre peligroso. Incluso muchos de los poderosos de la sociedad judía pensaban que había que deshacerse de este rabie joven rabí porque lo que decía y predicaba les era muy incomodo. Lo mismo pensaban del primo de Jesús, Juan apodado el Bautista. San Mateo nos dice que el rey judío, Herodes apreso y posteriormente ejecuto a Juan porque las enseñanzas y predicaciones del profeta le era más que incomodas. Es justo después de enterarse Jesús de la muerte de Juan el Bautista, que se marchó de donde había estado predicando a un sitio tranquilo y apartado. Solía hacer esto cuando quería estar en un sitio más sereno donde podía orar y pensar sin que se le pidiera constantemente que hiciera milagros. Pero esta vez, como en otras, al enterarse la gente que Jesús se había marchado en barca, lo siguieron por tierra desde los pueblos y rodeando el lago lo encontraron al otro lado.

El Señor, en su gran misericordia, predicó mucho para esta muchedumbre. Debido a eso los discípulos empezaron a preocuparse viendo que la tarde avanzaba y que además el lugar era un sitio solitario, más bien un descampado, y los pueblos quedaban alejados. Al final intervinieron, diciéndole al Maestro que debía despedir la gente para que pudieran ir a las aldeas y comer algo, ya que llevaban muchas horas escuchando al Señor sin tomar alimento. La respuesta de Jesús dejó sorprendidos a los apóstoles: "No tienen necesidad de irse: denles ustedes de comer". Los apóstoles buscaron entre ellos y vieron que solo tenían cinco panes y dos peces. Sabían que para tanta gente no era suficiente. Entonces Jesús mandó que la gente se recostara en la hierba. Y es cuando realizó un gran milagro, la multiplicación del pan y los peces dando así de comer a más de cinco mil personas con los cinco panes y los dos peces que los apóstoles consiguieron reunir. Y todos quedaron satisfechos.

Si hemos escuchado el evangelio con atención podremos ver que el Señor siempre cuida a los suyos. Lo mismo que hizo en aquel tiempo que nos habla el evangelio con esa gran muchedumbre, lo hace hoy también con nosotros. La respuesta que dio Jesús a sus apóstoles diciéndoles, "denles ustedes de comer," fue para probarlos en la fe. Entonces los apóstoles comprendieron lo poco que podemos hacer los humanos sin Cristo. Sin la ayuda de Jesús y con mucho trabajo ellos consiguieron reunir un poco de comida que no bastaba ni para una docena de personas. El Señor demostró que puede ayudarnos en todas nuestras necesidades humanas. Solo pide que pongamos un poco de nuestra parte.

La vida ha evolucionado mucho desde los tiempos de Jesucristo. Sin embargo, aún tenemos que preguntarnos: ¿A quién iremos que puede saciar el hambre de la gente como lo hizo Nuestro Señor? ¿Quién puede solucionar los problemas que tiene la humanidad? ¿Quién puede proporcionar a la humanidad el alimento suficiente? No podemos ignorar el hambre y la necesidad que hay alrededor del mundo. Sin embargo, en nuestras dificultades, en nuestras enfermedades, en cualquier prueba que la vida nos mande, el cristiano debe recordar que sólo el amor de Cristo le va a ayudar. Y sólo recibirá esta ayuda si se la pide de corazón. La ayuda de nuestro Señor, cuando se la pedimos, viene en abundancia según el grado y la profundidad de nuestra fe.

Lo que nos enseña el evangelio de hoy es que Jesucristo, lo mismo que hizo dando de comer a aquella muchedumbre, lo puede hacer hoy con nosotros. Si le pedimos ayuda nos ayudará, no solo espiritualmente sino en todos los ámbitos.

Eighteenth Sunday of Ordinary Time

Cycle A Book 3

Readings: (R1) Isaiah 55:1-3 (R2) Romans 8:35, 37-39 (Gos) Mathew 14:13-21

The Gospels tell us that the ordinary people realized long before the Jewish leaders that Jesus Christ was someone out of the ordinary. He was not like the wandering preachers that abounded in his time. He was someone who said and did things that touched the hearts and souls of all who heard and saw him. However, for the Jewish religious and civil authorities, Our Lord was a dangerous man. Even many of the powerful in Jewish society thought that this angry young rabbi should be rid of because what he said and preached was very uncomfortable for them. They thought the same of Jesus' cousin, John, nicknamed the Baptist. St. Matthew tells us that the Jewish king, Herod, imprisoned and later executed John because the prophet's teachings and preaching were more than uncomfortable for him. It is just after Jesus learned of the death of John the Baptist that he left where he had been preaching to a quiet and secluded place. He used to do this when he wanted to be in a more serene place where he could pray and think without being constantly asked to perform miracles. But this time, as in others, when the people found out that Jesus had left in a boat, they followed him overland from the villages and around the lake they found him on the other side.

The Lord, in his great mercy, preached much to this crowd. Because of that, the disciples began to worry seeing that the afternoon was advancing and that the place was also a lonely place, rather a wasteland, and the towns were far away. In the end they intervened, telling the Master that he should fire the people so that they could go to the villages and eat something, since they had been listening to the Lord for many hours without taking food. Jesus' response surprised the apostles: "They have no need to leave: give them something to eat." The apostles looked among them and saw that they only had five loaves and two fish. They knew that for so many people it was not enough. Then Jesus commanded the people to lie down on the grass. And that's when he performed a great miracle, the multiplication of the bread and the fish, thus feeding more than five thousand people with the five loaves and the two fish that the apostles managed to gather. And everyone was satisfied.

If we have listened to the gospel carefully we can see that the Lord always takes care of his own. The same thing that he did at that time when he spoke the gospel to us with that great crowd, he also does with us today. Jesus' response to his apostles saying, "Give them something to eat," was to test them in faith. Then the apostles understood how little we humans can do without Christ. Without the help of Jesus and with a lot of work they managed to gather a little food that was not enough for even a dozen people. The Lord showed that He can help us in all our human needs. Just ask that we do a little bit of our part.

Life has evolved a lot since the time of Jesus Christ. However, we still have to ask ourselves: Who do we go to who can satisfy the hunger of the people as Our Lord did? Who can solve the problems that humanity has? Who can provide humanity with enough food? We cannot ignore hunger and need around the world. However, in our difficulties, in our illnesses, in any trial that life sends us, the Christian must remember that only the love of Christ will help him. And you will only receive this help if you ask for it from the heart. The help of our Lord, when we ask for it, comes in abundance according to the degree and depth of our faith.

What today's Gospel teaches us is that Jesus Christ, the same as he did by feeding that crowd, can do with us today. If we ask him for help, he will help us, not only spiritually but in all areas.

Decimonoveno Domingo del Tiempo Ordinario

Ciclo A Tomo 3

Lecturas: (L1) 1 Reyes 19, 9. 11-13 (L2) Romanos 9,1-5 (Ev) Mateo 14, 22-33

El domingo pasado el Evangelio nos mostró el milagro que Jesús realizó dando de comer a una gran multitud. Este domingo el Evangelio nos muestra otro gran milagro.

Después de la multiplicación de los panes y los peces, Jesús les dijo a los Apóstoles que debían entrar en la barca y dirigirse al otro lado del lago mientras Él despedía a la gente. El Señor deseaba quedarse un poco en solitario para orar como solía hacer de vez en cuando. Pasó toda la noche en oración. Mientras tanto los discípulos, después de zarpar en la barca habían encontrado una tormenta muy fuerte con oleaje fuerte y viento huracanado. Trataban de llegar al sitio donde se iban a reunir con el Señor pero les era muy difícil llegar. De madrugada Jesús dejó la oración y se fue hacia ellos, andando sobre el agua. El Evangelio nos enseña que Jesús siempre, en los momentos difíciles, estaba en el lugar para ayudar a sus discípulos. En esta ocasión hizo lo mismo.

Los apóstoles estaban aterrados en medio de una tormenta con fuertes vientos. Cuando la Iglesia es abofeteada fuertemente por las tempestades de este mundo, en medio de tanta dificultad, nosotros, los que somos fieles a Cristo, también sentimos miedos. Incluso hay algunos que dejan que su fe se debilite hasta el punto que se alejan de la Iglesia y, por consiguiente, de Dios.

Pedro era un hombre impulsivo. En una ocasión le dijo a Jesús: "Por ti daré hasta la vida" (Juan 13, 37) Esta vez, cuando vio a Jesús andando sobre el agua, le dijo, "Señor, si eres tú, manda que yo vaya a ti caminando sobre el agua". Jesús le dijo: "Ven". En ese momento demostró Pedro su gran fe. Salió de la relativa seguridad de la barca para seguir a Cristo. Pero, cómo muchas veces nos pasa a nosotros, cuando el mar se agitaba y las enormes olas le rodeaban, Pedro empezó a dudar y sintió miedo. La fe y la confianza que tenía en su Maestro se debilitaron cuando empezó a hundirse. Esto es cuando Cristo le echa una mano y le dijo, "¡Qué poca fe! ¿Por qué has dudado?" Nosotros también alguna vez hemos sentido este reproche merecido de Cristo. La primera vez que declaramos que Jesús es nuestro Señor, Dios y salvador es como el "flechazo" que sienten muchas personas cuando se enamoran por primera vez. En ese momento estamos dispuestos a dar todo lo que tenemos por la persona que creemos que amamos. Para muchas personas este sentimiento de amor dura para toda la vida. Sin embargo, para otras, con el tiempo comienzan a titubear y esas dudas que sienten debilitan su fe y su amor.

Recordemos que Pedro era uno de los apóstoles que mas mostraba su fe y amor en Cristo. Pedro siempre mostraba confianza en el Señor llegando una vez incluso a decirle: "Señor, ¿a quién iremos? Tú tienes palabras de vida eterna". (Juan 6, 6). Sin embargo, cuando llego la hora de seguir el mandato del Señor, haciendo algo que pensaba que era completamente fuera de su alcance, dudó. Era el Señor que tuvo que tenderle su mano. Lo mismo que Pedro, todos tenemos que esforzarnos y poner también algo de nuestra parte cuando decimos que queremos seguir al Señor. Y a veces dudamos que podemos hacer lo que El nos pide. Cuando tenemos esos momentos y nos falta la confianza, solo un pequeño esfuerzo nuestro, una pequeña muestra de esa fe, bastará para recibir toda la ayuda que Cristo nos ofrece. Pero si nuestra fe se debilita y perdemos la confianza en Dios, ¿A quién iremos? ¿Quién nos echara una mano para poder seguir adelante? ¿Quién nos salvará en medio de las tempestades de la vida?

Aprendamos a confiar completamente en todo lo que Cristo nos prometió. Y a recordar que Él nos dice, "¡no tengan miedo!" El miedo puede alejarnos de Dios y debilitarnos espiritualmente. Y, en realidad, si creemos en el poder de Jesucristo, no debemos temer. Demostremos hoy aquí, reunidos en esta Santa Misa, que confiamos en Jesús, que estamos aquí porque sentimos la necesidad de alabarle y de darle gracias por todo lo que ha hecho por nosotros. Que nunca nos tenga que decir a ninguno de nosotros el Señor, "¡Qué poca fe tienes! ¿Por qué has dudado?"

Nineteenth Sunday of Ordinary Time

Cycle A Book 3
Readings: 1) 1 Kings 19:9, 11-13 2) Romans 9:1-5 3) Matthew 14:22-33

Last Sunday the Gospel showed us the miracle that Jesus performed by feeding a large crowd. This Sunday the Gospel shows us another great miracle.

After the multiplication of the loaves and fishes, Jesus told the Apostles that they should get into the boat and go to the other side of the lake while He dismissed the people. The Lord wanted to be a little lonely to pray as He used to do from time to time. He spent the whole night in prayer. Meanwhile the disciples, after setting sail in the boat, had encountered a very strong storm with strong waves and a hurricane wind. They tried to get to the place where they were to meet the Lord but it was very difficult for them to get there. In the early morning Jesus left the prayer and went towards them, walking on the water. The Gospel teaches us that Jesus always, in difficult moments, was in place to help his disciples. This time he did the same.

The apostles were terrified in the middle of a storm with strong winds. When the Church is slapped hard by the storms of this world, in the midst of so much difficulty, we who are faithful to Christ also feel fear. There are even some who allow their faith to weaken to the point that they turn away from the Church and, therefore, from God.

Pedro was an impulsive man. On one occasion he said to Jesus: "For you I will give even life" (John 13:37). This time, when he saw Jesus walking on water, he said, "Lord, if it is you, send me to come to you. Walking on the water". Jesus said, "Come." At that moment Peter showed his great faith. He came out of the relative safety of the boat to follow Christ. But how many times it happens to us, when the sea was rough and the huge waves surrounded him, Pedro began to doubt and felt fear. The faith and trust that he had in his Master weakened when he began to sink. This is when Christ reached out to him and said, "What little faith! Why have you doubted?" We too have sometimes felt this deserved reproach from Christ. The first time we declare that Jesus is our Lord, God and Savior is like "love at first sight" that many people feel when they fall in love for the first time. At that moment we are ready to give everything we have for the person we think we love. For many people this feeling of love lasts for a lifetime. However, for others, over time they begin to waver and those doubts they feel weaken their faith and love.

Let us remember that Peter was one of the apostles who most showed his faith and love in Christ. Peter always showed confidence in the Lord, even going once to say to him: "Lord, to whom shall we go? You have the words of eternal life." (John 6: 6). However, when it came time for Peter to follow the command of the Lord, doing something that he thought was completely out of his reach, he doubted. It was the Lord who had to offer him his hand. Like Peter, we all have to make an effort and also do something on our part when we say that we want to follow the Lord. And sometimes we doubt that we can do what He asks of us. When we have those moments and we lack confidence, just a small effort of ours, a small sample of that faith, will be enough for us to receive all the help that Christ offers us. But if our faith weakens and we lose confidence in God, to whom will we go? Who will help us to continue ahead? Who will save us amidst the storms of life?

We need to learn to trust completely in all that Christ promises us. And to remember that He tells us, "do not be afraid!" Fear can draw us away from God and weaken us spiritually. And really, if we believe in the power of Jesus Christ, we need not fear. Let us show here today, gathered at this Holy Mass that we trust in Jesus, that we are here because we feel the need to praise him and thank him for all that he has done for us. May the Lord never have to say to any of us, "What little faith you have! Why have you doubted? "

Vigésimo Domingo del Tiempo Ordinario

Ciclo A Tomo 3

Lecturas: (L1) Isaías 56,1. 6-7 (L2) Romanos 11,13-15. 29-32 (Ev) Mateo 15, 21-28

San Mateo en el evangelio de hoy nos dice que Jesús dejó el territorio de los judíos y se adentró en tierra de la comunidad pagana. Había pasado mucho tiempo el Señor predicando en Judea y había encontrado que muchas personas creían en su mensaje de salvación. Sin embargo, también había un número, no pequeño, que lo rechazaba. El evangelio de hoy contrasta la poca fe del pueblo judío con la fe de los gentiles.

El Evangelio nos dice que una mujer Cananea salió de uno de los pueblos que por la cual habían pasado Jesús y grupo de discípulos que acompañaban al Señor. Los seguía de cerca gritando: "Ten compasión de mí, Señor Hijo de David. Mi hija tiene un demonio muy malo". De pronto, el Señor le dijo a la mujer que no había sido enviado predicar a los paganos. Pero la mujer mostraba tal fe y humildad que Jesús tuvo que decir "Mujer, qué grande es tu fe: que se cumpla lo que deseas.".

La comunidad cristiana en que vivía San Mateo buscaba su identidad en medio de dos grupos: judíos y paganos. Al principio la mayoría de los cristianos eran judíos convertidos, pero el número de paganos creció rápidamente y muy pronto estos se convirtieron en el grupo más numeroso. El roce entre los dos grupos se notaba y es la razón que los apóstoles tuvieron que formar un grupo de hombres cuyo tarea principal era repartir los bienes de la comunidad entre judíos y paganos conversos. (Hechos 6)

Al destacar este encuentro con la mujer Cananea, San Mateo quiso notar que Jesús mismo había aceptado a una persona que no era judía. En estos tiempos tan difíciles en que vivimos los miembros de las comunidades cristianas católicas debemos preguntarnos si acogemos de la misma manera a los que vienen de fuera. Uno de los deberes de nuestra Iglesia es aceptar a todos, y aceptarlos con alegría y con amor, dejándoles entrar plenamente en cualquier actividad de la comunidad bien sea religioso o social.

En la Primera Lectura el Profeta Isaías dice que el Señor nos pide: que actuemos correctamente hacia los extranjeros y que hagamos siempre lo debido. Nos pide que practiquemos la justicia y respetemos los derechos de los demás. ¿Lo estamos haciendo nosotros? Como dice el profeta Isaías: "… mi casa es casa de oración y así la llamarán todos los pueblos.". ¿Somos conscientes de esto cuando damos la bienvenida a las personas que llegan a nuestras comunidades para orar con nosotros?

En la Segunda Lectura, San Pablo nos enseña a no discriminar contra el extranjero. Cuando escribe a los cristianos de Roma, que no eran judíos y que habían sido paganos, les dice que mientras él sea su Apóstol hará honor a su ministerio. No es apóstol solo de los judíos sino de todos los que aceptan a Jesús como su Señor, Dios y Salvador. Aquí cabe preguntarnos, ¿nuestra comunidad se está comportando como San Pablo? Cuando llegan algunas nuevas personas nuestras comunidades de otras culturas ó hablan otras lenguas, ¿son tratados como intrusos o son con educación y cálidamente? Los cristianos debemos ser conscientes que la iglesia es una comunidad de amor. Ese amor nos lo da Cristo. Y Él quiere que lo demos a los otros, especialmente a los recién llegados, a los nuevos. Todos llegamos un día por primera vez a esta comunidad. Ante los ojos de Dios todos somos iguales. Entonces, ¿por qué hay quien se cree que tiene más privilegio ó más prioridad?

Toda comunidad Cristiana debe seguir el ejemplo de Nuestro Señor. Él se olvidaba completamente de sí mismo para atender a los necesitados. Y nos pide que hagamos lo mismo, que luchemos diariamente contra la discriminación y contra el odio. Al defender la justicia para todos trabajamos plenamente con el Señor en la tarea de avanzar el Reino de Dios en este mundo. Como buenos cristianos debemos ir pregonando, con nuestro ejemplo, que nosotros sí acogemos, en nuestro entorno, al desconocido y al que necesita de nosotros. Todo esto lo hacemos no porque está de moda hacerlo sino porque queremos mostrar nuestra fe en Cristo.

Twentieth Sunday of Ordinary Time

Cycle A Book 3

Readings: (R1) Isaiah 56:1, 6-7 (R2) Romans11:13-15, 29-32 (Gos) Mathew 15:21-28

Saint Matthew in today's Gospel tells us that Jesus left the territory of the Jews and entered the land of the pagan community. The Lord had spent a long time preaching in Judea and had found that many people believed his message of salvation. However, there was also a number of people, and not a small number, who rejected it. Today's Gospel contrasts the little faith of the Jewish people with the faith of the Gentiles.

The Gospel tells us that a Canaanite woman left one of the towns through which Jesus and a group of disciples who accompanied the Lord had passed. She followed closely, shouting: "Have mercy on me, Lord Son of David. My daughter has a very bad demon". Suddenly, the Lord told the woman that he had not been sent to preach to the pagans. But the woman showed such faith and humility that Jesus had to say "Woman, how great is your faith: may what you wish come true."

The Christian community in which Saint Matthew lived sought its identity in the middle of two groups: Jews and pagans. At first most of the Christians were Jewish converts, but the number of pagans grew rapidly and they soon became the largest group. The friction between the two groups was noticeable and is the reason that the apostles had to form a group of men whose main task was to distribute the goods of the community between Jews and pagan converts. (Acts 6)

By highlighting this encounter with the Canaanite woman, Saint Matthew wanted to note that Jesus himself had accepted a person who was not a Jew. In these difficult times in which we, the members of the Catholic Christian communities, must ask ourselves if we welcome those who come from outside in the same way. One of the duties of our Church is to accept everyone, and to accept them with joy and love, allowing them to fully enter into any activity of the community, be it religious or social.

In the First Reading the Prophet Isaiah says that the Lord asks us: to act correctly towards foreigners and to always do what is due. He asks us to practice justice and respect the rights of others. Are we doing it? As the prophet Isaiah says: "... my house is a house of prayer and that is what all peoples will call it." Are we aware of this when we welcome people who come into our communities to pray with us?

In the Second Reading, Saint Paul teaches us not to discriminate against foreigners. When he writes to the non-Jewish and pagan Christians in Rome, he tells them that as long as he is their Apostle he will honor their ministry. He is not an apostle only of the Jews but of all those who accept Jesus as their Lord, God and Savior. Here it is worth asking ourselves, is our community behaving like Saint Paul? When some new people come to our communities from other cultures or speak other languages, are they treated as outsiders or are they politely and warmly? Christians must be aware that the church is a community of love. That love is given to us by Christ. And He wants us to give it to others, especially newcomers, newcomers. We all came to this community one day for the first time. In the eyes of God we are all equal. So why do some people think they have more privilege or higher priority?

Every Christian community must follow the example of Our Lord. He completely forgot himself to attend to those in need. And he asks us to do the same, to fight daily against discrimination and hatred. By upholding justice for all we work fully with the Lord in advancing the Kingdom of God in this world. As good Christians we must proclaim, with our example that we do welcome, in our environment, the stranger and the one who needs us. We do all of this not because it is fashionable to do so but because we want to show our faith in Christ.

Vigésimo Primer Domingo del Tiempo Ordinario

Ciclo A Tomo 3

Lecturas: (L1) Isaías 22,15. 19-23 (L2) Romanos 11, 33-36 (Ev) Mateo 16, 13-20

El Evangelio nos dice que un día Nuestro Señor iba caminando con sus apóstoles. De improviso les preguntó, "¿Quién dice la gente que es el Hijo del Hombre?" Los apóstoles le dieron diferentes versiones sobre lo que habían escuchado de la gente. Jesús quería probar la fe de sus apóstoles, así que de nuevo les preguntó, "¿Y ustedes, quién dicen que soy yo?" Pedro fue el primero en contestar, "Tú eres el Cristo, el Hijo de Dios vivo". Habló no solamente en su nombre sino en nombre de todos los demás apóstoles.

Posiblemente los otros se quedaron pensando la pregunta. Pero fue Pedro es el que contestó, desde luego, pero debemos preguntarnos ¿comprendía la inmensidad, la importancia, que tendría su respuesta para generaciones futuras? ¿Comprendía que su opinión revelaba que Cristo era el Mesías que estaba esperando el Pueblo Judío? El Señor estaba preparando a los apóstoles para que, por mediación de ellos, la continuidad de su Iglesia fuera asegurada, ya que sabía que iba a ser crucificado y tendría que ser llevada la Iglesia por Pedro y los demás apóstoles. Jesús estaría con ellos en la Sagrada Eucaristía. Pero la administración diaria de la Iglesia sería tarea de los apóstoles y sus sucesores.

En la contestación de Pedro podemos ver su gran fe. Esa contestación nos muestra porqué Cristo hizo a Pedro cabeza de su Iglesia. Jesús sabía que la comunidad que estaba fundando, la Iglesia, se edificaría día a día. Y, debido a eso, necesitaría ser guiada por un grupo de personas totalmente dedicadas a Él y a su Iglesia. Desde los tiempos de los apóstoles, la misión de los feligreses ha sido seguir edificando la Iglesia que Cristo fundó, generación tras generación. Y es edificada y fortalecida en la medida que los feligreses demuestren su fe.

En los tiempos de Jesús, el mayordomo del palacio era un hombre muy poderoso en el reino. Prueba de esto era quien llevaba las llaves del palacio y podía abrir o cerrar las puertas a cualquier persona que deseaba hablar con el rey. Jesús hizo referencia a este poder al confiar a Pedro las llaves del Reino de los Cielos. Después de ascender al cielo el Señor y usando el poder que Jesús le concedió al darle esas llaves, Pedro abrirá a los gentiles las puertas de la Iglesia que el Señor fundó (Hechos 10, 48). Hoy en día también nosotros hemos heredado de nuestros antepasados la tarea de acoger a todas las personas que quieren entrar en nuestras comunidades.

Después de su martirio los cristianos veneraron a Pedro por ser la piedra sobre la cual se edificó nuestra Iglesia. Y desde los primeros días de la Iglesia cada vez que se celebra la Sagrada Eucaristía, siempre se recuerda y se ora por Pedro y los demás apóstoles. Después de morir estos, la Iglesia continuó esta costumbre, orando en cada Santa Misa también por el Papa y los obispos, los sucesores de los apóstoles para que sean dignos de su ministerio de guiar nuestra Iglesia protegiéndola de todo error. Nosotros también debemos pedir por el Papa y los obispos diariamente si nos es posible ya que su misión no es fácil.

Pedro y los demás apóstoles ejercieron su apostolado durante toda su vida hasta su muerte asegurando así la continuación de la misión que Cristo les encomendó. Por eso es tan importante que las personas que ejercen cualquier ministerio en nuestras comunidades eclesiales sigan su ejemplo y sean personas de una fe firme. Solamente una persona que muestra su fe de una manera valiente y humilde podrá realizar bien el ministerio al que le ha sido encomendado. No debe realizar su ministerio para su propia gloria. La gloria solo se le debe dar a Dios. Todo lo que hace y dice debe ser realizado con humildad y con sencillez como lo hicieron los apóstoles en las comunidades de la Iglesia naciente.

Twenty First Sunday of Ordinary Time

Cycle A Book 3

Readings: (R1) Isaiah 22:15, 19-23 (R2) Romans11:33-36 (Ev) (Gos) Mathew 16:13-20

The Gospel tells us that one day Our Lord was walking with his apostles. Suddenly he asked them, "Who do people say the Son of Man is?" The apostles gave him different versions of what they had heard from the people. Jesus wanted to test the faith of his apostles, so again he asked them, "And you, who do you say that I am?" Peter was the first to answer, "You are the Christ, the Son of the living God." He spoke not only on his behalf but on behalf of all the other apostles.

Possibly the others were wondering about the question. It was Peter who answered, of course, but we must ask ourselves, did he understand the immensity, the importance that his answer would have for future generations? Did he understand that his opinion revealed that Christ was the Messiah that the Jewish People were waiting for? The Lord was preparing the apostles so that, through them, the continuity of his Church would be ensured, since he knew that he was going to be crucified and the Church would have to be governed by Peter and the other apostles. Jesus would be with them in the Holy Eucharist. But the daily administration of the Church would be the task of the apostles and their successors.

In Peter's reply we can see his great faith. That answer shows us why Christ made Peter the head of his Church. Jesus knew that the community he was founding, the Church, would be built day by day. And, because of that, she would need to be led by a group of people totally dedicated to Him and His Church. Since the time of the apostles, the mission of the parishioners has been to continue building the Church that Christ founded, generation after generation. And it is built up and strengthened as the parishioners demonstrate their faith.

In Jesus' time, the palace steward was a very powerful man in the kingdom. Proof of this was who carried the keys to the palace and could open or close the doors to anyone who wanted to speak with the king. Jesus made reference to this power by entrusting Peter with the keys of the Kingdom of Heaven. After the Lord ascended to heaven and using the power that Jesus gave him by giving him those keys, Peter will open to the Gentiles the doors of the Church that the Lord founded (Acts 10:48). Today we too have inherited from our ancestors the task of welcoming all the people who want to enter our communities.

After his martyrdom, the Christians venerated Peter as the stone on which our Church was built. And from the earliest days of the Church every time the Holy Eucharist is celebrated, Peter and the other apostles are always remembered and prayed for. After their deaths, the Church continued this custom, praying at each Holy Mass for the Pope and the bishops, the successors of the apostles, so that they may be worthy of their ministry to guide our Church, protecting it from all errors. We also must pray daily, if possible, for the Pope and the bishops since their mission is not easy.

Peter and the other apostles exercised their apostolate throughout their lives until they died, thus ensuring the continuation of the mission that Christ entrusted to them. That is why it is so important that people who exercise any ministry in our ecclesial communities follow their example and be people of strong faith. Only those who show their faith in a courageous and humble way will be able to carry out well the ministry to which they have been entrusted. They should not exercise their ministry for their own glory. Glory should only be given to God. Everything they do and say must be done humbly and simply as the apostles did in the communities of the nascent Church.

Vigésimo Segundo Domingo del Tiempo Ordinario

Ciclo A Tomo 3

Lecturas: (L1) Jeremías 20, 7-9 (L2) Romanos 12,1-2 (Ev) Mateo 16, 21-27

Hermanas y hermanos, escuchemos con atención lo que Dios nos dice en las lecturas hoy. Las tres lecturas nos dicen algo que muchas veces olvidamos: la Voluntad de Dios es lo que ordena la historia de salvación de la humanidad: Detrás de todo lo que pasa en el mundo, está la voluntad de Dios. Y siendo divino, tiene una lógica que no es humana. Puede incluso parecernos que es contradictorio y hostil. Pero no lo es. El problema que encontramos al buscar cual es la Voluntad Divina es que no somos Dios. Por eso no podemos entenderla. Solo Dios sabe porque hace las cosas que hace.

En el Evangelio hoy San Mateo nos relata como el Señor anuncia por primera vez a sus seguidores cuál es la voluntad de Dios para Él en el futuro. El Evangelio reza: "… empezó Jesús a explicar a sus discípulos que tenía que ir a Jerusalén y padecer allí mucho por parte de los senadores, sumos sacerdotes y letrados y que tenía que ser ejecutado y resucitar al tercer día." No se sabe por qué a ciencia cierta pero Pedro, quizás movido por el amor que tenía por su Maestro, deseaba apartar a Jesús del camino que El, siendo Dios, había escogido para la salvación de la humanidad: el camino de la pasión y de la cruz. Lo que pasa es que Jesús sabe muy bien cuál es la Voluntad de su Padre. Cristo es la Segunda Persona de la Santísima Trinidad. Lo que sabe una de las Personas lo saben los otros dos. Por eso puede decir, "Nadie conoce al Hijo, sino el Padre, ni al Padre conoce alguno, sino el Hijo, y aquel a quien el Hijo lo quiera revelar". (Mateo 11, 27) Esa relación que tiene con el Padre es íntima e inquebrantable. Por eso el Señor no puede permitir que nadie se entrometa en su relación personal con Dios. Como ser humano, le cuesta muchísimo aceptar el camino que Dios ha escogido para El. Sabe que va a ser duro y penoso. Sin embargo, su relación estrecha con el Padre es tan fuerte que nada ni nadie le podrán apartar de la Voluntad Divina. Es por eso que no tiene reparo en llamar a Pedro "Satanás". Solo el Demonio trataría de apartar a Dios Hijo de su cumplimiento de la Voluntad de Dios. Y por eso puede decir el Señor: "El que quiera venirse conmigo que se niegue a sí mismo, que cargue con su cruz y me siga." El que quiere seguir a Jesús tiene que seguir la Voluntad de Dios sea cual sea.

En la Primera Lectura, escuchamos las palabras del Profeta Jeremías que precisamente explican lo que le pasó cuando decidió seguir la Voluntad de Dios. Cuando Dios lo escogió a ser su Profeta, Jeremías era un hombre tímido. Pero aprendió muy pronto que cuando Dios quiere algo es imposible escapar de Él. A pesar de que Jeremías fue puesto en ridículo por obedecer los mandatos de Dios, le era imposible seguir viviendo una vida normal sin seguir a Dios. Dio prueba de su fidelidad a Dios aguantando lo imposible por seguir la Divina Voluntad. Aprendió directamente de Dios lo que Jesús enseñó muchos siglos después a sus apóstoles: que cuando Dios te pide que hagas algo tienes que cargar con el dolor y las dificultades y llevar la Cruz. Jeremías tuvo que luchar fuertemente para cumplir con la misión que Dios le encomendó. Hizo lo mejor que pudo y Dios lo premio.

La Segunda Lectura nos muestra que San Pablo al igual que el Profeta Jeremías, tuvo momentos de desaliento y frustración. Predicaba las enseñanzas de Cristo pero no fue comprendido y hasta fue despreciado, apaleado y encarcelado. Lo que San Pablo nos enseña en esta lectura es que la vida cristiana debe ser un seguimiento constante y fiel a Dios a pesar de las dificultades y desalientos que puede causarnos. No debemos rendirnos a las tentaciones y acechanzas de Satanás sino convertirnos en fieles seguidores de Cristo, siguiendo a raja tabla la voluntad de Dios o sea lo que le agrada a Dios. Este proceso de conversión debe ser parte de nuestra vida cotidiana. Seguir la Voluntad Divina debe ser nuestra meta. Será difícil seguro. Y a veces no lo podremos conseguir. Lo importante es no ajustarnos a las normas perversas de este mundo y transformarnos renovando nuestra mente, alma y corazón. Solo así podremos discernir cual es la voluntad de Dios para nosotros. Y solo así podremos encontrar lo bueno, lo que agrada, lo perfecto en esta vida y en la venidera.

Twenty Second Sunday of Ordinary Time

Cycle A Book 3

Readings: (R1) Jeremiah 20:7-9 (R2) Romans12:1-2 (Gos) Mathew 16:21-27

Sisters and brothers let us listen carefully to what God says to us in the readings today. The three readings tell us something that we often forget: it is the Will of God that orders the history of salvation of humanity: Behind everything that happens in the world, there is the will of God. And being divine, it has a logic that is not human. It may even appear to us to be contradictory and hostile. But is not. The problem we find when trying to discern what the Divine Will is that we are not God. That is why we cannot understand it. Only God knows why He does the things He does.

In today's Gospel, Saint Matthew tells us how the Lord announces for the first time to his followers what God's will is for him in the future. The Gospel reads: "... Jesus began to explain to his disciples that he had to go to Jerusalem and be made to suffer by the senators, high priests and scribes and that he would be executed and would resurrect on the third day." We don't know for sure why but Peter, perhaps moved by the love he had for his Master, wanted to separate Jesus from the path that He, being God, had chosen for the salvation of humanity: the path of passion and the cross. What happens is that Jesus knows very well what the Will of his Father is. Christ is the Second Person of the Holy Trinity. What one of the Persons knows is known by the other two. That is why he can say, "No one knows the Son, but the Father, neither does anyone know the Father, except the Son, and he to whom the Son wishes to reveal him."(Matthew 11:27) That relationship he has with the Father is intimate and unbreakable. That is why the Lord cannot allow anyone to intrude on his personal relationship with God. As a human being, it costs him a lot to accept the path that God has chosen for him. He knows it will be hard and painful. However, his close relationship with the Father is so strong that nothing and no one can separate him from the Divine Will. That is why he has no qualms about calling Peter "Satan." Only the Devil would try to separate God the Son from his fulfillment of God's Will. And that is why the Lord can say: "Whoever wants to come with me must deny himself, take up his cross and follow me." Anyone who wants to follow Jesus has to follow the Will of God whatever it is.

In the First Reading, we hear the words of the Prophet Jeremiah that precisely explain what happened to him when he decided to follow the Will of God. When God chose him to be His Prophet, Jeremiah was a shy man. But he learned very early that when God wants something, it is impossible to escape from Him. Despite Jeremiah being ridiculed for obeying God's commands, it was impossible for him to continue living a normal life without following God. He gave proof of his fidelity to God by enduring the impossible to follow the Divine Will. He learned directly from God what Jesus taught his apostles many centuries later: when God wants you to do something, you must bear the pain and difficulties and carry the Cross. Jeremiah had to fight hard to fulfill the mission that God gave him. He did the best he could and God rewarded him.

The Second Reading shows us that Saint Paul, like the Prophet Jeremiah, had moments of discouragement and frustration. He preached the teachings of Christ but he was not understood and was even despised, beaten and imprisoned. What Saint Paul teaches us in this reading is that Christian life must be a constant and faithful following of God despite the difficulties and discouragements that can cause us. We must not surrender to the temptations and tricks of Satan but rather become faithful followers of Christ, strictly following the will of God, in other words, whatever pleases God. This process of conversion should be part of our daily life. Following the Divine Will must be our goal. Getting to that goal will be difficult for sure. And sometimes we won't be able to reach it. The important thing is not to conform to the perverse rules of this world and to transform ourselves by renewing our mind, soul and heart. Only in this way can we discern what God's will is for us. And only then can we find the good, the pleasing, and the perfect in this life and in the life to come.

Vigésimo Tercer Domingo del Tiempo Ordinario

Ciclo A Tomo 3

Lecturas: (L1) Ezequiel 33, 7-9 (L2) Romanos 13, 8-10 (Ev) Mateo 18,15-20

Los miembros del Concilio Vaticano II usaron vario ejemplos para explicarnos cómo es la iglesia: como un redil, como un campo preparado para el sembrado, como un edificio que se está construyendo, como un templo, una familia, el cuerpo místico de Cristo, y el pueblo de Dios (CIC 753-757). Nuestras lecturas hoy nos dicen que hay una más: como Iglesia-comunión. La Iglesia-comunión es la unión íntima de la humanidad con Dios. Formar y mantener esa unión es la meta más importante de de la Iglesia. La segunda meta es la unión de todos los miembros de la humanidad. La verdadera comunión de la humanidad con Dios conduce casi espontáneamente en la unión fraterna. La comunión se mantiene siempre que los que están unidos tienen algo en común que les une. Es la unión en el amor de todos los que tenemos la misma fe, de los que mantenemos las mismas creencias.

Dentro de esta comunidad cristiana de la cual somos miembros, el amor fraterno que tenemos, unos por otros, se expresa de varias maneras. A veces es necesario expresarlo corrigiendo a una hermana o un hermano que se ha extraviado, que ha tergiversado las enseñanzas del Señor de tal manera que cae en error y lo que cree ya no es lo que los otros miembros de la iglesia creen. Se le corrige en un clima de amor, responsabilidad y libertad pero se le corrige. Todos los cristianos hemos sido llamados por Jesús a promover la unión y el amor entre los miembros de la comunidad. Como cristianos, tenemos que buscar el bien de los demás, a amarlos deseándoles lo mejor. La corrección fraterna, de la que nos habla el evangelio, es necesaria cuando la unión de la comunidad se pone en peligro porque surgen opiniones o hechos que se oponen directamente a nuestras creencias básicas. El Evangelio nos dice que el modo de corregir debe ser diferente según las circunstancias. No cabe duda que si una corrección es necesaria para mantener la unión de la comunidad, se debe llevar a cabo de una manera rápida ya que es mejor zanjar estas situaciones lo antes posible. Para reprender o corregir a alguien se necesita mucho valor, una buena dosis de caridad y, sobre todo, muchas ganas de defender la doctrina de Cristo.

En la Primera Lectura, el Señor le dice al Profeta Ezequiel, y también a nosotros: "… cuando escuches palabra de mi boca, les darás la alarma de mi parte.". También dice que si no tratamos de ayudar a la persona que está en error, si no tratamos de corregirle para que cambie su conducta, estaremos nosotros tan culpables de su pecado contra la unión de la iglesia como él. Pero si le corregimos y sigue obstinado en su creencia, será su culpa, y no la nuestra. Ya sabemos que la conversión de las otras personas no está en nuestras manos. No depende de nosotros sino de Dios y de las actuaciones de las personas mismas. Pero tenemos la obligación como cristianos de advertirles a los que se desvían de nuestras creencias de lo que sucederá si no cambian de conducta, de enseñarles lo que les espera si no lo hacen. Esto es lo que nos pide el Señor y esto es lo que debemos hacer.

En la Segunda Lectura vemos a San Pablo rogando a la comunidad cristiana en Roma a construir una comunidad unidos por el amor fraterno. El Apóstol repite a los romanos las palabras de Nuestro Señor: "Amarás a tu prójimo como a ti mismo". Para un cristiano no es suficiente amar al prójimo como amamos a un hermano o un ser querido. Hace falta amarle como nos amamos a nosotros mismos. Esto incluye, por supuesto, alegrándonos con el que está alegre y llorando con el que está triste. Pero también quiere decir que debemos tratar de poner en buen camino los que se desvían y ayudarles a volver a estar en comunión con nosotros.

Que la Eucaristía que estamos celebrando, nos dé un sentido de comunión, de sinceridad franca y de amor fraterno para evitar el pecado de la desunión en la comunidad. Dios nos de la gracia de caminar siempre juntos en nuestro peregrinaje hacia el Señor.

Twenty Third Sunday of Ordinary Time

Cycle A Book 3

Readings: (R1) Ezekiel 33:7-9 (R2) Romans13:8-10 (Gos) Mathew 18:15-20

The members of the Second Vatican Council used various examples to explain what the church is like: like a sheepfold, like a field prepared for sowing, like a building being built, like a temple, a family, the mystical body of Christ, and the people of God (CCC 753-757). Our readings today tell us that there is one more: as a Church-communion. The Church-communion is the intimate union of humanity with God. Forming and maintaining that union is the most important goal of the Church. The second goal is the union of all members of humanity. The true communion of humanity with God leads almost spontaneously in fraternal union. Communion is maintained as long as those who are united have something in common that unites them. It is the union in love of all of us who have the same faith, of those who hold the same beliefs.

Within this Christian community of which we are members, the fraternal love we have for one another is expressed in various ways. Sometimes it is necessary to express it by correcting a sister or brother who has gone astray, who has misrepresented the Lord's teachings in such a way that they fall into error and what they believe is no longer what the other members of the church believe. He is corrected in a climate of love, responsibility and freedom but he is corrected. All Christians have been called by Jesus to promote unity and love among the members of the community. As Christians, we have to seek the good of others, to love them wishing them the best. Fraternal correction, of which the Gospel tells us, is necessary when the unity of the community is endangered because opinions or facts arise that are directly opposed to our basic beliefs. The Gospel tells us that the way to correct must be different according to the circumstances. There is no doubt that if a correction is necessary to maintain the unity of the community, it should be carried out quickly since it is better to resolve these situations as soon as possible. To reprimand or correct someone you need a lot of courage, a good dose of charity and, above all, a lot of desire to defend the doctrine of Christ.

In the First Reading, the Lord says to the Prophet Ezekiel, and also to us: "… when you hear word from my mouth, you will give them the alarm from me." He also says that if we do not try to help the person who is In error, if we do not try to correct him to change his behavior, we will be just as guilty of his sin against the church union as he is. But if we correct him and he remains stubborn in his belief, it will be his fault and not ours. We already know that the conversion of other people is not in our hands. It does not depend on us but on God and on the actions of the people themselves. But we have an obligation as Christians to warn those who deviate from our beliefs of what it will happen if they don't change their behavior, to teach them what to expect if they don't. This is what the Lord asks of us and this is what we must do.

In the Second Reading we see Saint Paul pleading with the Christian community in Rome to build a community united in love for one another. The Apostle repeats to the Romans the words of Our Lord: "You shall love your neighbor as yourself." For a Christian it is not enough to love our neighbor as we love a brother or a loved one. It is necessary to love him as we love ourselves. This includes, of course, rejoicing with the one who is happy and crying with the one who is sad. But it also means that we should try to put those who stray back on the right track and help them get back in communion with us.

May the Eucharist that we are celebrating, give us a sense of communion, frank sincerity and fraternal love to avoid the sin of disunity in the community. God give us the grace to always walk together in our pilgrimage towards the Lord.

Vigésimo Cuarto Domingo del Tiempo Ordinario

Ciclo A Tomo 3

Lecturas: (L1) Sirácides 27, 30-28, 7 (L2) Romanos 14, 7-9 (Ev) Mateo 18, 21-35

El domingo pasado, las lecturas de la Santa Misa nos hablaban de la necesidad de corregir a las personas que se habían desviado de nuestras creencias pecando gravemente. Las lecturas de este domingo desarrollan ese hilo diciéndonos que cuando alguien ha pecado contra nosotros o contra la comunidad, si pide perdón, hay que perdonarlo. Nuestro Señor ya les había dicho esto a sus seguidores cuando les enseñó la oración que hoy en día llamamos el Padre Nuestro: "Y perdónanos nuestras deudas' como también nosotros hemos perdonado a nuestros deudores". (Mateo 6,12). Pedimos a Dios que nos perdone nuestros pecados ya que nosotros hemos hecho lo propio a los que nos han hecho daño.

En el Evangelio, escuchamos al apóstol Pedro preguntar a Jesús "Señor, ¿cuántas veces debo perdonar las ofensas de mi hermano? ¿Hasta siete veces?" La pregunta de Pedro era hipotética; la respuesta del Señor era concreta. Sabemos que no debemos contar las veces que perdonamos exactamente como lo expresa Cristo en su contestación a Pedro. El Señor se valió de la parábola de los dos deudores, enseñando a sus discípulos de esta manera lo importante que es el perdonar, no solo las ofensas, sino también las deudas. Nos dice que nuestra tolerancia debe llegar incluso a perdonar lo que nos debe si pagarnos esa deuda le haría la vida imposible al deudor. Lo importante no es que perdonemos setenta veces setenta sino que perdonemos de una manera caritativa cuantas veces nos sea necesario.

Si nosotros somos indulgentes en el perdón hacia los demás, el Señor será también indulgente con nosotros. Tengamos en cuenta que aunque muchas veces somos ofendidos estas ofensas no son prácticamente nada si tenemos en cuenta todo lo que la humanidad ofende a Dios cada día.

En la Primera Lectura hemos escuchado el autor del libro Eclesiástico decir que el furor y la cólera son odiosos. Y que el pecador los posee. Y a continuación advierte: "Perdona la ofensa a tu prójimo y se te perdonarán los pecados cuando lo pidas. ¿Cómo puede un hombre guardar rencor a otro y pedir la salud al Señor?" Muchos son los que caen en el pecado de la venganza, la envidia y el rencor. Son pecados que no nos dejan crecer en el amor a Dios y al prójimo.

A juzgar por las noticias que leemos en los periódicos y vemos en los telediarios, perdonar ya no se considera algo necesario. En vez de perdonar lo que vemos es cólera. Se pide justicia pero en realidad lo que se busca es venganza. Y aunque los resarcimientos logrados por algún daño hecho nunca recompensan el daño original, se sigue litigando. Y muchas veces los esfuerzos por conseguir la venganza por lo sufrido solo traen más rencor y violencia. Por desgracia, pocas veces hace noticia alguien que dice que perdona a la persona que le ha causado algún daño. El Papa San Juan Pablo II perdono a Alí Agka, el hombre que le hirió de bala casi matándolo en 1981. Y aunque las fotos del atentado fueron emitidas con frecuencia en la televisión, el acto generoso de perdonar del Pontífice se repitió pocas veces. Estoy seguro que hay muchos cristianos que perdonan hechos similares pero no son noticia porque difieren del sentido de la mayoría de la gente hoy en día.

Perdonar de corazón es realmente difícil, y requiere de una fuerza superior que solo Dios puede darnos. Aprender perdonar en casos graves comienza cuando empezamos a sobrellevar con amor y paciencia las pequeñas ofensas de cada día. Al ir acostumbrando el alma y el corazón a perdonar, seguimos el ejemplo del Todopoderoso. La respuesta del Salmo Responsorial de la misa hoy reza: "El Señor es compasivo y misericordioso, lento a la ira y rico en clemencia". Debemos seguir su ejemplo. El Señor perdona todas nuestras culpas, aunque sean graves, cuando los confesamos en el confesionario. Si Él está dispuesto a perdonarnos incluso los pecados más grandes, nosotros también debemos estar dispuestos a perdonar a los que nos han ofendido de alguna manera u otra.

Twenty Fourth Sunday of Ordinary Time

Cycle A Book 3

Readings: (R1) Sirach 27:30-28:7 (R2) Romans14:7-9 (Gos) Mathew 18:21-35

Last Sunday, the readings of the Holy Mass spoke to us of the need to correct people who had deviated from our beliefs by sinning seriously. The readings for this Sunday develop that thread by telling us that when someone has sinned against us or against the community, if they ask for forgiveness, they must be forgiven. Our Lord had already told his followers this when he taught them the prayer that today we call the Our Father: "And forgive us our debts, as we also have forgiven our debtors." (Matthew 6.12). We ask God to forgive us our sins since we have done the same to those who have hurt us.

In the Gospel, we hear the Apostle Peter ask Jesus: "Lord, how many times must I forgive my brother's offenses? Up to seven times?" Peter's questions were hypothetical; the Lord's answer was concrete. We know that we should not count the times we forgive exactly as Christ expresses in his reply to Peter. The Lord used the parable of the two debtors, teaching his disciples in this way how important it is to forgive, not only offenses, but also debts. It tells us that our tolerance must even go so far as to forgive what it owes us if paying that debt would make life impossible for the debtor. The important thing is not that we forgive seventy times seventy but that we forgive in a charitable way as many times as necessary.

If we are forgiving in forgiveness towards others, the Lord will also be forgiving towards us. Let us bear in mind that although many times we are offended, these offenses are practically nothing if we take into account all that humanity offends God every day.

In the First Reading we have heard the author of the Ecclesiastical book say that rage and anger are hateful. And that the sinner possesses them. And then he warns: "Forgive the offense to your neighbor and your sins will be forgiven when you ask. How can one man hold a grudge against another and ask the Lord for health? " Many are those who fall into the sin of revenge, envy and resentment. They are sins that do not allow us to grow in love for God and our neighbor.

Judging by the news we read in the newspapers and see on the news, forgiveness is no longer considered necessary. Instead of forgiving what we see is anger. Justice is demanded but in reality what is sought is revenge. And although the damages obtained for some damage done never compensate the original damage, litigation continues. And many times the efforts to get revenge for what they suffered only bring more resentment and violence. Unfortunately, rarely does someone say they forgive the person who has caused them harm. Pope Saint John Paul II pardoned Ali Agka, the man who shot him almost killing him in 1981. And although photos of the attack were broadcast frequently on television, the Pontiff's generous act of forgiveness was rarely repeated. I'm sure there are many Christians who forgive similar events but they are not news because they differ from the meaning of most people today.

Forgiving from the heart is really difficult, and it requires a superior strength that only God can give us. Learning to forgive in serious cases begins when we begin to bear with love and patience the small offenses of each day. As the soul and heart become accustomed to forgiveness, we follow the example of the Almighty. The response of the Responsorial Psalm of Mass today reads: "The Lord is compassionate and merciful, slow to anger and rich in mercy." We must follow His example. The Lord forgives all our sins, even if they are serious, when we confess them in the confessional. If He is willing to forgive us even the greatest sins, we too must be willing to forgive those who have offended us in some way or another.

Vigésimo Quinto Domingo del Tiempo Ordinario

Ciclo A Tomo 3

Lecturas: (L1) Isaías 55, 6-9 (L2) Filipenses 1, 20-24. 27 (Ev) Mateo 20, 1-16

Llevamos dos domingos hablando de la necesidad que tenemos de reconocer nuestros pecados y pedir perdón por ellos. Y también de perdonar a los que nos han hecho daño. Las lecturas de esos dos domingos nos han ido preparando para las de este domingo. Hoy las lecturas nos dicen que algún día, tarde o temprano, Dios querrá ajustar cuentas con nosotros y que debemos estar preparados para ese día.

En el Evangelio de hoy, San Mateo nos relata que el Señor iba de camino a Jerusalén donde pensaba celebrar su última Pascua con sus discípulos. Les iba hablando despacio, tratando de ser conciso, para que entendieran bien lo que Él quería enseñarles. Por eso les contó lo que hoy en día llamamos la parábola de los jornaleros contratados diciéndoles, "El reino de los cielos se parece a un propietario que al amanecer salió a contratar jornaleros para su viña". Ajustó con ellos el salario. Les dijo que les pagaría un denario por día y quedaron de acuerdo. Durante el día, cuando vio el amo que necesitaba más jornaleros para hacer la cosecha, salió tres veces más. La última vez, la cuarta, fue al caer la tarde. Pocas horas después de caer la tarde, cuando oscureció, el dueño dijo al capataz: "Llama a los jornaleros y págales el jornal". Y les pagó a todos por igual. Los jornaleros que habían contratado por la mañana se quejaron porque habían trabajado muchas más horas que los que habían llegado al atardecer pero el amo les pago por igual. Y al escuchar sus quejas el amo le dijo a uno de ellos: "Amigo, no te hago ninguna injusticia. ¿No nos ajustamos en un denario? Toma lo tuyo y vete. Quiero darle a este último igual que a ti. ¿Es que no tengo libertad para hacer lo que quiera en mis asuntos? ¿O vas a tener tú envidia porque yo soy bueno?" Termina el Señor la parábola diciéndoles a sus seguidores que los últimos serán los primeros y los primeros los últimos. Lo que estaba tratando de ensenarles es que deben alegrarse porque en el Reino de Dios no importa llegar el último o el primero, lo que importa es llegar.

En la Primera Lectura el Profeta Isaías nos dice claramente que mientras tengamos tiempo, mientras estamos con vida aquí en la tierra, debemos buscar al Señor, invocándole mientras podamos hacerlo. Dios, por boca del profeta, nos habla a través de los siglos, y nos dice que aún estamos a tiempo para arrepentirnos, pidiendo perdón a Dios por nuestros pecados. A la vez tenemos tiempo para reconciliarnos tanto con todas las personas que nos han hecho daño como con las que hemos hecho daño nosotros. Aún tenemos tiempo para ablandar la dureza de nuestro corazón y acercarnos más a nuestro prójimo y a Dios. En una palabra, podemos liberarnos de las mentiras que usa Satanás para tentarnos, hacer una buena confesión y llevar una vida digna a los ojos de Dios.

En la Segunda Lectura, San Pablo nos enseña lo importante que es, para los cristianos, llevar una vida digna y seguir el camino recto que Cristo nos enseña en su evangelio. Precisamente en esta lectura podemos ver que Pablo estaba atravesando un dilema serio. Su fe era tan grande que ya quería ir a Cristo y recibir el salario, la recompensa merecida, de su apostolado. Pero le quedaba una duda. Aunque oraba constantemente para que Dios le dejara ir pronto a Cristo, a la vez se preguntaba ¿no sería mejor orar para que pudiese quedarse entre los hermanos y seguir guiándoles en la fe y evangelizando? A pesar de estar encarcelado, San Pablo nos deja ver que su fe es inquebrantable, digna de admirar y de seguir.

El camino del cristiano que quiere seguir al Señor de cerca no es un camino fácil. Sin embargo las lecturas hoy nos dicen que si seguimos a Jesús, recibiremos lo merecido cuando termina nuestra estancia en este Valle de Lagrimas. Puede ser que hemos llegado tarde a reconocer a Jesús como nuestro Señor, Dios y Salvador. Puede ser que fuimos bautizados casi al nacer y nunca nos hemos desviado del camino hacia Dios. Lo que nos dicen las lecturas hoy es que no importa cuando comenzamos a caminar con el Señor. Lo que realmente importa es seguir caminando con Dios hasta el final de la vida mano con mano, haciendo su Santa Voluntad tal y como ésta se manifiesta por el camino.

94

Twenty Fifth Sunday of Ordinary Time

Cycle A Book 3

Readings: (R1) Isaiah 55:6-9 (R2) Philippians 1:20-24, 27 (Gos) Mathew 20:1-16

We have been talking for two Sundays about the need we have to acknowledge our sins and ask forgiveness for them. And also to forgive those who have hurt us. The readings of those two Sundays have been preparing us for those of this Sunday. Today the readings tell us that someday, sooner or later, God will want to settle accounts with us and that we must be prepared for that day.

In today's Gospel, Saint Matthew tells us that the Lord was on his way to Jerusalem where he planned to celebrate his last Passover with his disciples. He was speaking to them slowly, trying to be concise, so that they would understand well what He wanted to teach them. That is why he told them what today we call the parable of the hired laborers, telling them, "The kingdom of heaven is like an owner who at dawn went out to hire laborers for his vineyard." He adjusted the salary with them. He told them that he would pay them a denarius a day and they agreed. During the day, when the master saw that he needed more laborers to do the harvest, he went out three more times. The last time, the fourth, was late in the afternoon. A few hours after dusk, when it got dark, the owner told the foreman: "Call the laborers and pay them their wages." And he paid them all equally. The day laborers who had hired in the morning complained that they had worked many more hours than those who had arrived at dusk, but the master paid them equally. And upon hearing their complaints, the master said to one of them: "Friend, I am not doing you any injustice. Do not we adjust for a denarius? Take yours and go. I want to give the latter like you. Am I not free to do what I want in my affairs? Or are you going to be envious because I am good?" The Lord ends the parable by telling his followers that the last will be first and the first will be last. What he was trying to teach them is that they should rejoice because in the Kingdom of God it does not matter if they arrive last or first, what matters is that they arrive.

In the First Reading the Prophet Isaiah clearly tells us that while we have time, while we are alive here on earth, we must seek the Lord, invoking him while we can. God, through the mouth of the prophet, speaks to us through the centuries, and tells us that we still have time to repent, asking God for forgiveness for our sins. At the same time we have time to reconcile both with all the people who have hurt us and those who we have hurt. We still have time to soften the hardness of our hearts and draw closer to our neighbor and to God. In a word, we can free ourselves from the lies that Satan uses to tempt us, make a good confession, and lead a life that is worthy in the eyes of the Lord.

In the Second Reading, Saint Paul teaches us how important it is for Christians to lead a dignified life and to follow the straight path that Christ teaches us in his Gospel. Precisely in this reading we can see that Paul was going through a serious dilemma. His faith was so great that he already wanted to go to Christ and receive the salary, the deserved reward, of his apostolate. But he had one doubt. Although he constantly prayed that God would let him go to Christ soon, at the same time he asked himself, would it not be better to pray so that he could stay among the brothers and continue to guide them in faith and evangelize? Despite being imprisoned, Saint Paul lets us see that his faith is unshakable, worthy of admiration and of following.

The path of the Christian who wants to follow the Lord closely is not an easy path. However, today's readings tell us that if we follow Jesus, we will receive what we deserve when our stay in this Valley of Tears ends. It may be that we have been late to recognize Jesus as our Lord, God, and Savior. It may be that we were baptized almost at birth and have never strayed from the path to God. What the readings tell us today is that it doesn't matter when we begin to walk with the Lord. What really matters is that we continue to walk with God until the end of our life hand in hand, doing his Holy Will as it manifests itself along the way.

Vigésimo Sexto Domingo del Tiempo Ordinario

Ciclo A Tomo 3

Lecturas: (L1) Ezequiel 18, 25-28 (L2) Filipenses 2,1-11 (Ev) Mateo 21, 28-32

En la Primera Lectura escuchamos al profeta Ezequiel decir que, cuando nos apartamos de una vida recta cometiendo pecado y maldad pagaremos por lo que hemos hecho. También nos dice el profeta que si dejamos la vida de pecado y volvemos nuestra mente a Dios pidiéndole perdón, ciertamente salvaremos nuestra alma. Debido a eso es importante recordar que, si alguno de nosotros hemos pecado, sin pérdida de tiempo, debemos confesar nuestros pecados, enmendar nuestra vida, y desprendernos de los pecados del pasado, preparándonos para vivir una vida recta en adelante.

No importa cual haya sido nuestra conducta en el pasado. El Señor siempre nos espera y siempre nos perdonar si nos confesamos como es debido. Lo que nos enseña el Profeta Ezequiel es que cada persona es responsable de lo que hace. Según haya centrado su vida dependerá la gracia que recibirá de Dios. La Palabra de Dios reconocemos que es para todos. Que unos la obedecen y otros ni la toman en cuenta es problema personal. El que la sigue tendrá vida. El que la desoye tendrá muerte.

En la Segunda Lectura San Pablo ruega insistentemente a la comunidad de Filipos, y también nos lo pide a cualquier cristiano de hoy, que se mantengan unánimes y concordes con un mismo amor y un mismo sentir. También les dice que no deben obrar por envidia ni por ostentación. Deben ser guiados por la humildad y no considerarse superiores a los demás. Para lograr esto, San Pablo les pide que sean unánimes con un mismo amor, un mismo espíritu y un mismo sentir. Algunas comunidades, y nos da pena decirlo, siguen teniendo los mismos problemas que los Filipenses. En vez de la obediencia, predomina la soberbia y la intolerancia, él querer llevar la comunidad al antojo de un grupo reducido de feligreses. E incluso, hemos encontrado a individuos que prefieren tratar de ser figuras dominantes en la comunidad en vez de luchar por la unidad. Hay que pedir a Dios por estas personas para que sean obedientes a Dios y a sus mandatos, para que aprendan a ser solidarios con sus hermanos y hermanas en la fe y humildes en la comunidad en la que se desenvuelven.

Todos los Cristianos debemos luchar para que en nuestras comunidades no haya divisiones, como había en entre los Cristianos Filipenses. Si seguimos a Cristo, trataremos, por todos los medios, de mantener una comunidad unida, poniendo todo lo que esté de nuestra parte, siendo amables con nuestros hermanos y hermanas en la fe, ayudándoles en lo que esté en nuestras manos. Si actuamos de esta manera, estaremos contribuyendo a que nuestra comunidad sea una comunidad donde todos se sentirán acogidos e integrados.

En el Evangelio de hoy el Señor nos habla, por mediación de la parábola de los dos hijos, sobre la responsabilidad y la obediencia. Si un cristiano sigue a Dios con hechos, y no solo con palabras, si es una persona humilde y si en ella o él predomina la obediencia a los mandatos de Dios, recibirá la recompensa merecida después de vivir.

Pueden parecer duras las palabras de Jesús cuando usa la parábola de los dos hijos. El primer hijo, que representa a los sumos sacerdotes y a los ancianos, aparentemente tiene una historia de conducta intachable, pero cuando Dios lo llama nuevamente a la conversión y a la fe para encontrar la salvación, dice "sí" con sus palabras pero "no" con sus hechos. La responsabilidad que ejerció anteriormente no le vale ahora ya que se ha debilitado y ahora su conducta es insensata. El segundo hijo, que representa a los pecadores, los recaudadores de impuestos y las prostitutas, ha vivido una vida pecaminosa e imprudente en el pasado. Pero ahora aunque dice "no" con sus palabras, sus obras de conversión muestran que en realidad dice "sí" a la llamada de Dios. Su pasado ha sido limpiado y purificado a través de su sus hechos y su responsabilidad actual.

Twenty Sixth Sunday of Ordinary Time

Cycle A Book 3

Readings: (R1) Ezekiel 18:25-28 (R2) Philippians 2:1-11 (Gos) Mathew 21:28-32

In the First Reading we heard the prophet Ezekiel say that when we stray from a righteous life by committing sin and wickedness we will pay for what we have done. The prophet also tells us that if we leave the life of sin and turn our minds to God for forgiveness, we will certainly save our souls. Because of this it is important to remember that, if any of us have sinned, without loss of time, we must confess our sins, make amends for our lives, and let go of the sins of the past, preparing ourselves to live a righteous life hereafter.

It doesn't matter what our behavior has been in the past. The Lord always waits for us and will always forgive us if we confess properly. What Prophet Ezekiel teaches us is that each person is responsible for what they do. How you have focused your life will depend on the grace you will receive from God. We recognize the Word of God is for everyone. That some obey it and others do not take it into account is a personal problem. Whoever follows him will have life. Whoever ignores it will have death.

In the Second Reading, Saint Paul insistently pleads with the community of Philippi, and he also asks any Christian today, to remain unanimous and agree with the same love and the same feeling. He also tells them that they should not act out of envy or ostentation. They must be guided by humility and not consider themselves superior to others. To achieve this, Saint Paul asks you to be unanimous with the same love, the same spirit and the same feeling. Some communities and we are sad to say, continue to have the same problems as the Philippians. Instead of obedience, pride and intolerance predominate, he wanting to lead the community at the whim of a small group of parishioners. And we have even found individuals who prefer to try to be dominant figures in the community rather than fight for unity. We must ask God for these people so that they are obedient to God and his commands, so that they learn to be in solidarity with their brothers and sisters in faith and humble in the community in which they operate.

All Christians must fight so that in our communities there are no divisions, as there were among the Christian Philippians. If we follow Christ, we will try, by all means, to maintain a united community, doing everything we can, being kind to our brothers and sisters in faith, helping them in what is in our hands. If we act in this way, we will be contributing to make our community a community where everyone will feel welcomed and integrated.

In today's Gospel the Lord speaks to us, through the parable of the two sons, about responsibility and obedience. If a Christian follows God with deeds, and not only with words, if he is a humble person and if he or she is obedient to God's commands, he will receive the reward he deserves after living.
The words of Jesus can seem harsh when he uses the parable of the two sons. The first son, who represents the high priests and elders, apparently has a history of faultless conduct, but when God calls him again to conversion and faith to find salvation, he says "yes" with his words but "no" with your facts. The responsibility that he exercised previously is not worth him now as he has weakened and now his conduct is foolish. The second son, who represents sinners, tax collectors and prostitutes, has lived a sinful and reckless life in the past. But now even though he says "no" with his words, his conversion works show that he actually says "yes" to God's call. His past has been cleansed and purified through his actions and his current responsibility.

Vigésimo Séptimo Domingo del Tiempo Ordinario

Ciclo A Tomo 3

Lecturas: (L1) Isaías 5,1-7 (L3) Filipenses 4, 6-9 (Ev) Mateo 21, 33-43

En el Evangelio de la semana pasada escuchamos cómo el Señor uso una parábola sobre dos hijos que fueron mandados por su padre a trabajar en la viña para hacer que los sumos sacerdotes y senadores entendieran que aunque trataban de mostrar que siempre han sido fieles a la ley, sus hechos mostraban que en realidad no seguían los mandamientos de Dios. No son coherentes. Hoy hemos escuchado al Señor contar otra parábola. En esta parábola Jesús cuenta que había un hombre, dueño de una viña que había arrendado a unos labradores. Era de esperar que los arrendatarios cumplieran con su deber de trabajar en la vina, cuidándola y haciendo todo lo posible para que la cosecha de uvas fuera abundante - o sea, que los arrendatarios se comportaran como era debido. Lógicamente el que ha arrendado la tierra al terrateniente, debe comportarse como arrendatario y pagar la suma establecida con el terrateniente en el momento oportuno. Pero no fue así. No solo se negaron a darle el dinero debido al dueño, sino que mataron a su hijo.

En la Primera Lectura, el Profeta Isaías compara el Pueblo de Dios con una viña. Esta comparación se hace a menudo en la Santa Biblia. La parábola, en esta primera lectura, nos dice que aunque el pueblo tiene que pasar muchas pruebas, Dios lo protege. Mientras son fieles a Él, Dios hace que prosperen. Pero a veces este pueblo, escogido Dios mismo de entre todos los pueblos, lo engaña y traiciona en vez de serle fiel. Nosotros formamos parte de ese pueblo. El profeta Isaías nos recuerda que el Señor es increíblemente misericordioso. No nos trata como debemos ser tratados. Sigue estando enamorado de nosotros ya que formamos parte de su pueblo, la viña que Él plantó.

Pero también, a veces, el Señor se enfada. El es coherente cuando actúa aunque no lo seamos nosotros. Lo que dice lo hace y lo que hace está de acuerdo con lo que dice. No le gusta cuando nos apartemos del camino recto que ha trazado para nosotros, que cometamos maldad, que nos riamos de Él. Y es justo. En la Primera Lectura vemos que aunque el castigo divino puede venir sobre el pueblo, después del castigo, el Señor dejará ver su misericordia cuando la persona que le ha traicionado se convierte y vuelve a Él.

Dios da por hecho que con nuestras obras, nuestra responsabilidad, y nuestra integridad trataremos de mejorar nuestro entorno, nuestras vidas, nuestras relaciones con El y con el prójimo. Confía en que esto es lo que haremos. Pero para ver si estamos obrando como debemos, pide muestras de nuestro empeño. Quiere ver que nos estamos luchando por hacer bien el trabajo en su viña y que estamos dando buen fruto. Este fruto nacerá en nosotros si nos esforzamos en hacer bien nuestro trabajo en la vina del Señor cada día y nos mantenemos en comunicación permanente, o sea en oración, con el Dueño de la viña, nuestro Señor, Dios y Salvador.

En este momento conviene señalar, sin exagerar, que en la sociedad en que vivimos es más difícil ser un verdadero cristiano que en tiempos pasados. En el entorno que nos rodea hay mucha indiferencia e incluso desdén por nuestra fe cristiana. No cabe duda que es difícil vivir nuestra fe en Cristo. Incluso yo diría que en muchos ámbitos sociales es imposible mostrar nuestra fe en la doctrina moral católica que, muchas veces, va directamente en contra de lo que la sociedad nos dice que es bueno y decente.

Sin embargo, Dios nos pide que seamos coherentes. Nos dice constantemente que lo que hacemos tiene que ser fruto de lo que creemos. Nos pide que sigamos tratando de vivir una vida santa y honesta en un mundo que, a propósito, confunde lo bueno con lo malo. A veces nos preguntamos ¿por qué seguir nadando contra corriente si seguir a Dios puede traer el rechazo social e incluso familiar?

Recordemos siempre que a pesar de los problemas que puede aportar ser cristiano, cuando una persona vive su vida en coherencia con su fe cristiana, siguiendo la Voluntad de Dios, vive en un estado de tranquilidad psicológica y espiritual. Vive, sobre todo, en paz con Dios y con su propia conciencia.

Twenty Seventh Sunday of Ordinary Time

Cycle A Book 3

Readings: (R1) Isaiah 5:1-7 (R2) Philippians 4:6-9 (Gos) Mathew 21:33-43

In last week's Gospel we heard how the Lord used a parable about two sons who were sent by their father to work in the vineyard to make the high priests and senators understand that although they tried to show that they have always been faithful to the law, their deeds showed that they were not actually following God's commandments. They are not consistent. Today we heard the Lord tell another parable. In this parable Jesus tells that there was a man who owned a vineyard that he had leased to some husbandmen. It was to be expected that the tenants would fulfill their duty of working in the vineyard, taking care of it and doing everything possible to make the grape harvest abundant - in other words, that the tenants behaved properly. Logically, the one who has leased the land to the landlord must behave as a tenant and pay the sum established with the landlord in a timely manner. But it was not like that. Not only did they refuse to give him the money due to the owner, but they killed his son.

In the First Reading, the Prophet Isaiah compares the People of God to a vineyard. This comparison is often made in the Holy Bible. The parable, in this first reading, tells us that although the people have to pass many tests, God protects them. As long as they are faithful to Him, God makes them prosper. But sometimes this people, chosen from among all peoples by God himself, deceives and betrays him instead of being faithful to him. We are are included among those people. The prophet Isaiah reminds us that the Lord is incredibly merciful. He does not treat us as we should be treated. He continues to be in love with us since we are part of his people, the vineyard that he planted.

But also, sometimes, the Lord gets angry. He is consistent when he acts even though we are not. What he says he does and what he does agrees with what he says. He does not like it when we stray from the straight path that He has laid out for us, that we do evil, and that we laugh at Him. And this is only fair. In the First Reading we see that although divine punishment may come upon the people, after the punishment, the Lord shows his mercy when the person who has betrayed him converts and returns to him.

God assumes that with our works, our responsibility, and our integrity we will try to improve our environment, our lives, and our relationships with Him and with our neighbor. He trusts that this is what we will do. But to see if we are doing as we should, he sometimes asks for proof of our commitment. He wants to see that we are struggling to do the job well in his vineyard and that we are bearing good fruit. This fruit will be born in us if we strive to do our work well in the Lord's vineyard every day and we remain in permanent communication, that is, in prayer, with the owner of the vineyard, our Lord, God and Savior.

At this time it should be noted, without exaggeration, that in the society in which we live it is more difficult to be a true Christian than in the past. In the environment around us there is a lot of indifference and even disdain for our Christian faith. There is no doubt that it is difficult to live our faith in Christ. I would even say that in many social spheres it is impossible to show our faith in Catholic moral doctrine which, many times, goes directly against what society tells us to is good and decent. Nevetheless, God asks us to be consistent. He constantly tells us that what we do has to be the result of what we believe. He asks us to keep trying to live a holy and honest life in a world that purposely mistakes the good for the bad. Sometimes we ask ourselves why we should continue to swim against the current if following God can bring social and even family rejection.

Let us always remember that despite the problems that being a Christian can bring, when a person lives his life in coherence with his Christian faith, following the Will of God, he lives in a state of psychological and spiritual tranquility. Live, above all, in peace with God and with your own conscience

Vigésimo Octavo Domingo del Tiempo Ordinario

Ciclo A Tomo 3

Lecturas: (L1) Isaías 25, 6-10 (L2) Filipenses 4,12-14. 19-20 (Ev) Mateo 22,1-14

Este domingo, como en los anteriores, Jesús en el Evangelio se expresa con una parábola. En ella hay dos partes que pueden parecer dispares pero que se relacionan entre sí.

La primera parte nos habla del llamado urgente de Dios a su pueblo. Los hebreos eran los elegidos del Señor, sus amigos. Así que fueron ellos los primeros invitados a compartir el banquete de bodas del Hijo de Dios que toma por esposa a la Iglesia. Sin embargo, estos invitados de honor rechazaron la invitación, o sea, las palabras de los profetas que a través de los siglos anunciaron la llegada del Mesías. Pero Dios, siendo un buen anfitrión, les llama otra vez. Y la segunda llamada es más urgente. Esta vez Dios les anuncia a todos los miembros del Pueblo Elegido, a través de las enseñanzas de Cristo y de los Apóstoles, que todo está a punto: "Tengo preparado el banquete. Vengan a la boda". Y esta fiesta se tiene que celebrar. Pero los convidados rechazaron esta segunda invitación e incluso maltrataron y mataron a los Apóstoles, que la parábola describe cómo sirvientes de Dios.

La segunda parte de la parábola explica las condiciones que hay que cumplir para poder participar en el banquete. El Pueblo Elegido no aceptó la invitación, así que Dios envió a sus sirvientes, diciéndoles, "Vayan ahora a los cruces de los caminos y a todos los que encuentren, convídenlos a la boda". Las puertas del banquete que antes habían sido abiertas solamente para el Pueblo Elegido, ahora se abre para dejar entrar a toda la humanidad.

Hoy, ocurre lo mismo que en el banquete que nos presenta la parábola. Muchos son invitados pero ponen muchas disculpas: la familia, la vida con sus problemas, muchas cosas por hacer. En realidad lo que están haciendo es excluyéndose a ellos mismos de participar en este banquete. Están rechazando la invitación que el Señor les hace. Preguntémonos, ¿acepto yo la invitación a este banquete participando cada domingo en el banquete pascual con el alma limpia y recibiendo al Señor en gracia? Porque de no ser así, al final de la vida, en nuestro juicio particular después de morir, el Señor nos podrá decir lo que hemos escuchado en el evangelio: "amárrenlo de pies y manos y échenlo fuera, a las tinieblas, donde no hay sino llanto y desesperación."

Precisamente la Primera Lectura nos habla de la salvación en los últimos tiempos. Nos la presenta como un banquete que se ofrece a todos los pueblos reunidos en monte de Sion, en Jerusalén la ciudad santa de Dios. El banquete está preparado y está a punto de comenzar. Ese día el Señor Dios enjugará las lágrimas de todos los rostros, y el oprobio de su pueblo lo alejará de todo el país.

En la Segunda Lectura, San Pablo les dice a los cristianos de Filipos que está muy agradecido por la ayuda que le han prestado en su tribulación. En aquel tiempo Pablo se encontraba encarcelado. Hasta entonces nunca había aceptado bienes materiales de ninguna de sus comunidades. Antes de conocer a Cristo vivió en abundancia. Después, por Cristo, vivió en la pobreza. Pero su amor a Cristo era tan grande que bien claro dice, "Todo lo puedo en aquel que me conforta". San Pablo siempre evangelizó gratuitamente. Se mantenía con su propio trabajo. Pero en este caso, agradecido, les dice, "hicieron bien en compartir mi tribulación". Y les asegura a los Filipenses que por haberle socorrido cuando más lo necesitaba Dios suministrará a la comunidad en sus necesidades.

Hermanas y hermanos, cada domingo, más bien cada día, Dios nos invita a un banquete regio. En nosotros está rechazar la invitación, como los primeros invitados en el evangelio que desoyeron a los profetas o como los segundos que ignoraron la llamada de Cristo y de los apóstoles. También podemos aceptarla con alegría y caridad. Es para nosotros decidir lo que vamos a hacer.

Twenty Eighth Sunday of Ordinary Time

Cycle A Book 3

Readings: (R1) Isaiah 25:6-10 (R2) Philippians 4:12-14, 19-20 (Gos) Mathew 22:1-14

This Sunday, as in the previous ones, Jesus in the Gospel expresses himself with a parable. In it there are two parts that may seem disparate but are related to each other.

The first part of the parable tells us about God's urgent call to his people. The Hebrews were the Lord's chosen ones, his friends. So they were the first guests to share in the wedding banquet of the Son of God who takes the Church as his wife. However, these guests of honor rejected the invitation, that is, the words of the prophets who throughout the centuries announced the arrival of the Messiah. But God, being a good host, calls them again. And the second call is more urgent. This time God announces to all the members of the Chosen People, through the teachings of Christ and the Apostles, that everything is ready: "I have prepared the banquet. Come to the wedding". And this party has to be celebrated. But the guests rejected this second invitation and even mistreated and killed the Apostles, who the parable describes as servants of God.

The second part explains the conditions that must be met in order to participate in the banquet. The Chosen People did not accept the invitation, so God sent his servants, telling them, "Go now to the crossroads and invite everyone you meet to the wedding." The doors of the banquet that had previously been opened only to the Chosen People, now open to admit all of humanity.

Today, the same thing happens as at the banquet that the parable presents to us. Many are invited but they make many apologies: family, life with its problems, many things to do. In reality what they are doing is excluding themselves from participating in this banquet. They are rejecting the invitation that the Lord gives them. Let us ask ourselves, do I accept the invitation to this banquet by participating every Sunday in the paschal banquet with a clean soul and receiving the Lord in grace? Because if this is not the case, at the end of life, in our particular judgment after death, the Lord will be able to tell us what we have heard in the Gospel: "tie him hand and foot and throw him out, into the darkness, where there is no but crying and despair."

Precisely the First Reading tells us about salvation in the end times. He presents it to us as a banquet offered to all the peoples gathered on Mount Zion, in Jerusalem the holy city of God. The banquet is prepared and is about to begin. On that day the Lord God will wipe the tears from all faces, and the reproach of his people will drive him away from the whole country.

In the Second Reading, St. Paul tells the Philippian Christians that he is very grateful for the help they have given him in his tribulation. At that time, Pablo was in prison. Until then he had never accepted material goods from any of his communities. Before knowing Christ he lived abundantly. Later, through Christ, he lived in poverty. But his love for Christ was so great that he clearly says, "I can do all things in him who comforts me." Saint Paul always evangelized gratuitously. He supported himself with his own work. But in this case, grateful, he tells them, "You were right to share my tribulation." And he assures the Philippians that by having helped him when he needed him most, God will supply the community with their needs.

Sisters and brothers, every Sunday, rather every day, God invites us to a regal banquet. It is up to us to reject the invitation, as the first guests in the gospel who disregarded the prophets or as the second who ignored the call of Christ and the apostles. We can also accept it with joy and charity. It is for us to decide what we are going to do.

Vigésimo Noveno Domingo del Tiempo Ordinario

Ciclo A Tomo 3

Lecturas: (L1) Isaías 45,1.4-6 2) 1 Tesalonicenses 1,1-5 (Ev) Mateo 22,15-21

Cada país tiene sus propias leyes. Algunas son meramente administrativas. Otras son mucho más serias ya que afectan de una manera seria las vidas de los ciudadanos. Las lecturas de la misa hoy nos dicen que Dios siempre respeta los derechos legítimos del ser humano, y por lo tanto los derechos de los gobiernos auténticamente constituidos. Por otra parte, los gobiernos tienen la responsabilidad seria de respetar los derechos legítimos de Dios.

Como sabemos, la autoridad civil y la Iglesia son dos entidades independientes. Cada una tiene sus propias obligaciones y preceptos. Pero, a veces las leyes humanas y las leyes divinas chocan. Y en estos casos la voluntad de Dios, la ley divina, es la que debe prevalecer.

En la Primera Lectura el profeta Isaías halaga al rey de persa, Ciro. Al conquistar a Babilonia, liberó a los judíos que habían pasado más de 70 años de cautiverio en ese reino. El profeta afirma que Dios elige como instrumentos de salvación a quien quiera, cuando quiere y como quiere. Para sacar a su pueblo del destierro, escogió como instrumento al un soberano pagano. Y es que hay momentos en la historia cuando Dios ha elegido líderes civiles para hacer su voluntad. Y no siempre han sido cristianos.

El Evangelio de hoy nos cuenta cómo los Fariseos y los partidarios de Herodes se unieron para tenderle a Jesús una trampa, haciéndole una pregunta con mala idea. Estaban seguros que el Señor no iba a tener una respuesta adecuada que le diera una salida airosa. Pensaban que según la contestación que Jesús diera iba a ser condenado por los judíos o por las autoridades romanas. Pero el Señor dio a todos una respuesta contundente. Primero les mostró su desdén llamándoles "hipócritas" y les preguntó: "¿por qué me ponen trampas?" Y después les contestó claramente, sin miedo y sin titubeos.

Cuando el Señor dio la respuesta a los Fariseos, no dejó de reconocer el poder y los derechos del gobierno civil. Por eso primero les dijo, "den al César lo que es del César". Pero a continuación, el Señor dijo, "Y a Dios lo que es de Dios". Y de esa manera dejó bien claro que aunque el pueblo debe respetar sus obligaciones al gobierno civil, lo principal es que tanto el estado como el pueblo deben respetar los derechos de Dios. El Concilio Vaticano Segundo, afirmando las palabras del Señor reconoció que la "comunidad política y la Iglesia son independientes y autónomas, cada una en su propio terreno". Pero a continuación dice: "Ambas, sin embargo, aunque por diverso título, están al servicio de la vocación personal y social del hombre". (Gadium et spes, 76) O sea, tanto el gobierno civil como la Iglesia tienen la responsabilidad de regir la sociedad mediante leyes justas por el bien de la humanidad. Este servicio que prestan a la humanidad lo realizarán con mayor eficacia cuando cooperan para el bien de todos.

Los cristianos sabemos que somos ciudadanos de este mundo. Reconocemos que tenemos responsabilidades civiles como todo el mundo pero para nosotros, como cristianos, lo más importante es dar a Dios lo que es de Dios. Tratamos de crecer espiritualmente recordando siempre que este mundo no es nuestro hogar definitivo, este mundo se va a acabar. Tenemos la obligación, como cristianos, de protestar pacíficamente las leyes civiles injustas y pecaminosas, las que contradicen la ley de Dios. Para hacer esto debemos usar todos los medios legales a nuestro alcance. Sabemos que la autoridad civil y la Iglesia son dos entidades independientes. Cada una tiene sus propias leyes. Pero también sabemos que los preceptos de la Iglesia son leyes divinas. Son leyes que todos tenemos que obedecer siguiendo la voluntad de Dios. Sin embargo, esto de ninguna manera quiere decir que no hay que respetar las leyes civiles que sean justas.

Lo que nos recuerdan las lecturas hoy es que Dios debe ser el primero en todo lo que hacemos en la vida. Siempre debemos ser constantes en nuestra fe, sean cual sean las leyes civiles. Y todo lo que proclamemos o hagamos, bien sea en privado o en público, debe ser de acuerdo con nuestra fe.

Twenty Ninth Sunday of Ordinary Time

Cycle A Book 3

Readings: (R1) Isaiah 45:1, 4-6 (R2) 1 Thessalonians 1:1-5 (Gos) Mathew 22:15-21

Each country has its own laws. Some are purely administrative. Others are much more serious because they seriously affect the lives of citizens. The readings of the Mass today tell us that God always respects the legitimate rights of human beings and therefore the rights of authentically constituted governments. On the other hand, however, governments have a serious responsibility to respect the legitimate rights of God.

As we know, the civil authority and the Church are two independent entities. Each one has its own obligations and precepts. But sometimes human laws and divine laws collide. And in these cases the will of God, the divine law, is the one that must prevail.

In the First Reading the prophet Isaiah praises the Persian king, Cyrus. By conquering Babylon, he freed the Jews who had spent more than 70 years in captivity in that kingdom. The prophet affirms that God chooses as instruments of salvation whoever he wants, when he wants and how he wants. To bring his people out of exile, he chose as his instrument a pagan sovereign. And there are moments in history when God has chosen civil leaders to do his will. And they have not always been Christians.

Today's Gospel tells us how the Pharisees and Herod's supporters joined together to trick Jesus by asking him a question with bad intentions. They were sure that the Lord was not going to have an adequate answer that would give him a graceful exit. They thought that according to the answer that Jesus gave, he would be condemned by the Jews or by the Roman authorities. But the Lord gave them a devastating answer. He first showed his disdain for them by calling them "hypocrites" and asking, "Why are you trying to trap me?" And then he answered them clearly, without fear and without hesitation.

When the Lord gave the answer to the Pharisees, He did not fail to recognize the power and rights of the civil government. That is why he first told them, "Give to Caesar what is Caesar's." But then the Lord said, "And to God what is God's." And in this way he made it very clear that although the people must respect their obligations to the civil government, the main thing is that both the state and the people must respect the rights of God. The Second Vatican Council, affirming the words of the Lord, recognized that the "The Church and the political community in their own fields are autonomous and independent from each other." But then it says: "Yet both, under different titles, are devoted to the personal and social vocation of the same men." (Gadium et spes, 76) That is, both the civil government and the Church have a responsibility to rule society through just laws for the good of humanity, and they perform this service to humanity more effectively when they cooperate for the good of all.

We Christians know that we are citizens of this world. We recognize that we have civil responsibilities like everyone else, but for us, as Christians, the most important thing is to give unto God what is God's. We try to grow spiritually always remembering that this world is not our definitive home, this world is going to end. We have an obligation, as Christians, to peacefully protest unjust and sinful civil laws, those that contradict God's law. To do this we must use all legal means at our disposal. We know that the civil authority and the Church are two independent entities. Each has its own laws. But we also know that the precepts of the Church are divine laws. They are laws that we all have to obey following God's will. However, this in no way means that civil laws that are fair should not be respected.

What the readings remind us today is that God must be first in everything we do in life. We must always be constant in our faith, whatever the civil laws. And everything we proclaim or do, whether in private or in public, must be in accordance with our faith.

Trigésimo Domingo del Tiempo Ordinario

Ciclo A Tomo 3

Lecturas: (L1) Éxodo 22, 20-26 (2) 1 Tesalonicenses 1, 5-10 (Ev) Mateo 22, 34-40

Si hiciéramos un viaje a los barrios más pobres de las grandes ciudades de cualquier país del mundo encontraríamos familias de escasos recursos. Muchas de ellas han llegado de otros países buscando una vida mejor. Han tenido que dejar su patria, y muchas veces sus hijos e incluso su cónyuge. Muchos piensan que enseguida encontrarán un trabajo bien remunerado, una vivienda cómoda y que, con los años, se harán ricos. Sin embargo, al llegar al país de destino encuentran que todo es completamente diferente a lo que soñaron. Y es cuando viene la frustración y la soledad. Al acercarse a los ciudadanos del país, encuentran, muchas veces, indiferencia, incomprensión del idioma y, lo que es peor, la frialdad de sus propios hermanos hispanos. Muchos de ellos caen en manos de personas que los explotan y abusan de ellos pagándoles salarios míseros y exigiéndoles más trabajo de lo que marca la ley.

Nosotros, como cristianos, a pesar de la situación legal de estos "sin papeles", tenemos la obligación, como cristianos, de acoger a las nuevas familias y, mucho más, a las personas que vienen solas a nuestra comunidad eclesial. Debemos apoyarles con un amor fraterno verdadero. Cristo nos manda ayudar a nuestro prójimo, en vez de buscar nuestro propio bien aprovechándonos de la situación legal de nuestros hermanos y hermanas en la fe. Nos prohíbe querer enriquecernos sin escrúpulos y a costa de los más necesitados.

Oímos muy a menudo en nuestras propias comunidades que hay que defender nuestras libertades. Pero muchas veces, al observar las acciones de algunas personas, notamos que eso es solo palabrería. Hemos visto, y, por desgracia, seguimos viendo constantemente que los que han conseguido situarse, no hablemos ya de situarse prósperamente sino los que tienen lo justo para vivir pero llevan aquí algún tiempo, ignoran e incluso desprecian a los que no pueden salir de la terrible esclavitud de la pobreza extrema. Un cristiano que ama a Dios y que tiene fe está llamado a defender la justicia, a ser humilde con el hermano, tenga más o tenga menos, y, lo más importante, a demostrar que ama al prójimo y, si está en sus manos, ayudar al que ve necesitado.

La amistad y la solidaridad deben ser los valores que rigen la vida de todos los cristianos que comemos y bebemos el Cuerpo y la Sangre de Nuestro Señor. La Sagrada Eucaristía debe aportarnos ansias de hacer el bien, de hacer todo lo que esté a nuestro alcance por el hermano necesitado por encima de todo. No hace falta donar grandes cantidades de comida o dinero, aunque siempre agradecemos cuando se dona. Lo más importante debe ser portarnos con amabilidad con los necesitados demostrándoles que somos fieles seguidores de Jesús y reconocemos que todos somos hijas e hijos de un mismo Dios.

El Papa Juan Pablo II dijo "Una sociedad auténticamente solidaria se construye gracias al hecho de que quienes tienen bienes, para ayudar a los pobres, no se limitan a dar sólo de lo superfluo. Además, no basta ofrecer bienes materiales, se requiere el *espíritu del compartir*, de modo que se considere como un título de honor la posibilidad de dedicar los propios cuidados y atenciones a las necesidades de los hermanos en dificultad". (*Mensaje para la Jornada Mundial de la paz 1998, 8*). En una palabra, todos hemos sido llamados a ayudar en lo que podemos a los hermanos y hermanas en dificultad.

En estos tiempos tan difíciles, les rogamos a los mercaderes y políticos que explotan a los pobres que se fijen en la vida de San Francisco de Asís y se arrepienten. El Santo de Asís supo amar a Cristo por encima de todo y a su prójimo como a sí mismo. Recordemos con fe sus palabras: "los hombres pierden todo lo que dejan en este mundo, tan sólo se llevan consigo el premio de su caridad y las limosnas que practicaron, por las cuales recibirán del Señor la recompensa y una digna remuneración" (*De la Carta de San Francisco de Asís dirigida a todos los fieles*, p 102).

Thirtieth Sunday of Ordinary Time

Cycle A Book 3

Readings: (R1) Exodus 22:20-26 (R2) 1 Thessalonians 1:5-10 (Gos) Mathew 22:34-40

If we made a trip to the poorest neighborhoods of any of the big cities of any country in the world, we would find families with limited resources. Many of them have come from other countries looking for a better life. They have had to leave their homeland, and many times their children and even their spouse. Many think that they will quickly find a well-paying job, a comfortable home, and that over the years they will become rich. However, when they arrive at the destination country they find that everything is completely different from what they dreamed of. And that's when frustration and loneliness come about. When approaching the citizens of the country, they find many times, indifference, misunderstanding of the language and, what is worse, the coldness of their own Hispanic brothers. Many of them fall into the hands of people who exploit and abuse them by paying them paltry wages and demanding more work than the law requires.

We, as Christians, despite the legal situation of these "undocumented", have the obligation, as Christians, to welcome new families and, much more, single people who come alone to our ecclesial community. We must support them with true brotherly love. Christ commands us to help our neighbor, instead of seeking our own good by taking advantage of the legal situation of our brothers and sisters in faith. It prohibits us from wanting to enrich ourselves without scruples and at the expense of those most in need.

We hear very often in our own communities that we must defend our freedoms. But many times, when observing the actions of some people, we notice that this is just lip service. We have seen, and, unfortunately, we constantly continue to see that those who have managed to position themselves, let's not talk about being prosperous, but those who have just enough to live but have been here for some time, ignore and even despise those who cannot leave the terrible slavery of extreme poverty. A Christian who loves God and has faith is called to defend justice, to be humble with his brother, whether he has more or less, and, most importantly, to show that he loves his neighbor and, if it is in his hands, to help those in need.

Friendship and solidarity should be the values that govern the lives of all Christians who eat and drink the Body and Blood of Our Lord. The Holy Eucharist must give us the desire to do good, to do everything in our power for the brother in need above all else. It is not necessary to donate large amounts of food or money, although we are always grateful when these are donated. The most important thing should be to be kind to those in need, showing them that we are faithful followers of Jesus and that we recognize that we are all daughters and sons of the same God.

Pope John Paul II said "A society of genuine solidarity can be built only if the well-off, in helping the poor, do not stop at giving from what they do not need. Moreover, offering material things is not enough: what is needed is a spirit of sharing, so that we consider it an honor to be able to devote our care and attention to the needs of our brothers and sisters in difficulty". (*Message for the World Day of Peace 1998, 8*). In a word, we have all been called to help brothers and sisters in difficulty as much as we can.

In these most difficult times, we beg the merchants and politicians who exploit the poor to look at the life of Saint Francis of Assisi and repent. The Saint of Assisi knew how to love Christ above all else and his neighbor as himself. Let us remember with faith his words: "For men lose all which they leave in this world; they carry with them, however, the reward of charity and alms which they have given, for which they shall receive recompense and worthy remuneration from the Lord." *(From the Letter to all the Faithful written by Saint Francis of Assisi, p. 102)*.

Trigésimo Primer Domingo del Tiempo Ordinario

Ciclo A Tomo 3

Lecturas: (L1) Malaquías 1,14-2, 2. 8-10 (L2)1 Tesalonicenses 2, 7-9. 13 3) Mateo 23,1-12

Desde hace alguna semana hemos escuchado lecturas en la misa que nos dicen que todos tenemos algunas responsabilidades por ser seguidores de Cristo. Acoger a todos los que vienen y quieren formar parte de nuestra comunidad, ayudar a los más necesitados, mostrar con palabras y hechos que somos cristianos, tratar de cambiar las leyes civiles para que sean concordes con los mandatos de Dios, todos estos son temas que hemos tocado tareas que tenemos que proponernos si los cristianos.

Hoy cambiamos de tema y escuchamos lecturas que nos dicen que los que ejercen alguna autoridad en nuestras comunidades cristianas deben recordar siempre que es Cristo el que da esa autoridad. El es el Sumo Sacerdote. No debemos ensalzarnos o creernos mejores que los otros simplemente porque ejercemos algún ministerio en la Iglesia.

Hay que decir primeramente que la autoridad existe en la comunidad cristiana por varias razones. En términos prácticos, es necesaria. Ya hay más de mil millones de católicos en el mundo. Sin alguien que pueda ejercer alguna autoridad central, la iglesia pronto caería en el mismo caos que sufren varias de las iglesias cristianas que no son católicas de las cuales nacen un gran número de nuevas sectas cada año. Sin embargo, hay que decir que la existencia de la autoridad en la Iglesia no se puede justificar simplemente por razones prácticas o porque ha crecido tanto y hay que organizarnos lo mejor posible. Algo de ese argumento es cierto, desde luego. Sin embargo, y sin quitar importancia de esa razón, debemos recordar lo que Jesucristo resucitado les dijo a sus apóstoles y discípulos justo antes de ascender al cielo: "Me ha sido dado todo poder en el cielo y en la tierra. Vayan, pues, y enseñen a todas las naciones, bautizándolas en el nombre del Padre y del Hijo y del Espíritu Santo, y enseñándolas a cumplir todo cuanto yo les he mandado; y sepan que yo estaré con ustedes todos los días, hasta el fin del mundo "(Mt 28,18-19). O sea, Cristo mismo es quien nos dio nuestro mandato y aunque solo hubiera pocos cristianos en el mundo, seguiría habiendo necesidad de mantener un sistema de autoridad para guardar el tesoro de nuestra fe. Puede ser que el ejercicio de la autoridad toma otra formar según los tiempos y los lugares donde se ejerce pero el origen siempre es Cristo. La jerarquía eclesiástica que ejerce la autoridad en la Iglesia, no es un invento de los hombres, es parte del plan providencial de Dios.

Por desgracia, hay que reconocer que hoy en día hay algunas personas que se comportan igual que los Fariseos en los tiempos de Nuestro Señor. Tratan de aprovecharse de la autoridad que conllevan sus cargos. Ejercen esos cargos, en vez de con humildad y para ayudar de verdad a la comunidad, simplemente porque les aportan alguna importancia en la comunidad. Incluso algunos que dicen que apoyan el hermano necesitado muestran con hechos y palabras que lo que buscan no es ayudar al prójimo. Luchan para obtener los primeros puestos. Quieren ser halagados, igual que los Fariseos, sintiéndose superiores y tratando de hacer empequeñecer a los otros. Poco a poco muestran que en sus corazones no hay humildad. Cuándo vemos esto tenemos que preguntarnos con tristeza, ¿Dónde están las enseñanzas de Cristo, que nos recuerdan constantemente que debemos ser sencillos, amando de verdad a nuestros hermanos?

En el Evangelio hemos escuchado las palabras del Señor: "Que el mayor de entre ustedes sea su servidor, porque el que se enaltece será humillado y el que se humilla será enaltecido". En todas nuestras comunidades amar y servir deben ir juntos y complementarse. No hay amor donde no hay servicio, ni servicio sin amor. Recordemos siempre las palabras de San Gregorio de Niza, "En efecto, es conveniente que quienes están al frente de sus hermanos se esfuercen más que los demás en trabajar por el bien ajeno, se muestren más sumisos que los súbditos y, a la manera de un siervo, gasten su vida en bien de los demás, pensando que los hermanos son en realidad como un tesoro que pertenece a Dios y que Dios ha colocado bajo su cuidado". (*Sobre la conducta cristiana, S. Gregorio de Nisa*)

Thirty First Sunday of Ordinary Time

Cycle A Book 3

Readings: (R1) Mal 1:14-2, 2:8-10 (R2) 1 Thessalonians 2: 7-9. 13 (Gos) Mathew 23: 1-12

For a few weeks we have heard readings at Mass that tell us that we all have some responsibilities because we are followers of Christ. Welcoming all those who come and want to be part of our community, helping those most in need, showing with words and deeds that we are Christians, trying to change civil laws so that they are in accordance with God's mandates, all these are topics that we have touched or tasks that we have to propose ourselves if Christians.

Today we change the subject and listen to readings that tell us that those who exercise authority in our Christian communities must always remember that it is Christ who gives that authority. He is the High Priest. We should not exalt ourselves or believe ourselves better than others simply because we exercise some ministry in the Church.

It must be said first that authority exists in the Christian community for several reasons. In practical terms, it is necessary. There are already more than one billion Catholics in the world. Without someone who could exercise some central authority, the church would soon fall into the same chaos suffered by several of the non-Catholic Christian churches from which a large number of new sects are born each year. However, it must be said that the existence of authority in the Church cannot be justified simply for practical reasons or because the Church has grown so much and we must organize ourselves as best we can. Some of that argument is true, of course. However, and without diminishing the importance of that reason, we must remember what the risen Jesus Christ said to his apostles and disciples just before ascending to heaven: "All power in heaven and on earth has been given to me. Go, then, and teach all nations, baptizing them in the name of the Father and of the Son and of the Holy Spirit, and teaching them to do all that I have commanded you; and know that I will be with you every day, until the end of the world "(Mt 28,18-19). In other words, Christ himself is the one who gave us our mandate and even if there were only a few Christians left in the world, there would still be a need to maintain a system of authority to guard the treasure of our faith. It may be that the exercise of authority takes another form according to the times and places where it is exercised, but the origin is always Christ. The ecclesiastical hierarchy that exercises authority in the Church is not an invention of men, but part of the providential plan of God.

Unfortunately, it must be recognized that today there are some people who behave just like the Pharisees in the times of Our Lord. They try to take advantage of the authority that comes with their positions. They exercise these positions, rather than with humility to really help others, simply because they bring some importance to them in the community. Even some who say they support a brother in need show with words and deeds that what they are looking for is not to help others. They fight to get the top spots. They want to be flattered, just like the Pharisees, feeling superior and trying to belittle others. Little by little they show that in their hearts there is no humility. When we see this we have to sadly ask ourselves, Where are the teachings of Christ, which constantly remind us that we must be simple, truly loving our brothers?

In the Gospel we have heard the words of the Lord: "May the greatest among you be your servant, because he who exalts himself will be humbled and he who humbles himself will be exalted." In all our communities, loving and serving must go together and complement each other. There is no love where there is no service, nor service without love. Let us always remember the words of Saint Gregory of Nyssa, "Indeed, it is convenient that those who are in charge of their brothers make more effort than others to work for the good of others, show themselves more submissive than their subjects and, like a servant, spend their lives for the good of others, thinking that the brothers are really like a treasure that belongs to God and that God has placed under their care."*(On Christian conduct, St. Gregory of Nyssa)*

Trigésimo Segundo Domingo del Tiempo Ordinario

Ciclo A Tomo 3

Lecturas: (L1) 2 Macabeos 7, 1-2. 9-14 (L2) 2 Tesalonicenses 2, 16-3, 5 (Ev) Lucas 20, 27-38

En la parábola del evangelio de la Santa Misa San Lucas nos introduce a una costumbre judía muy conocida por los discípulos de Jesús. El Señor la utiliza para enseñarles a ellos, y a nosotros también, sobre la vigilancia que cada persona debe tener sobre sí misma y sus acciones

En esta parábola el Señor compara el Reino de los Cielos a una boda en donde se han escogido a unas jóvenes para que formen parte del cortejo nupcial. Aunque parece un papel menor la que iban a protagonizar, en realidad era muy importante. En los tiempos del Señor, no había farolas en las calles de los pueblos para iluminar las vías. Por lo tanto, al entrar la noche, cuando se oscurecía no se veía nada o casi nada a no ser que se llevaba una antorcha. Estas diez jóvenes, las damas de honor de la novia, esperaban en casa la llegada del esposo. Con sus lámparas estaban preparadas para iluminar la entrada de la casa para que el esposo pudiera entrar con seguridad y con rapidez. Además, estaban preparadas para participar en la boda ya que entraban con el esposo. Pero el esposo se tardaba en llegar y el tiempo se iba alargando. Las jóvenes necias usaron todo el aceite que contenían sus antorchas esperando al novio. Cuando por fin llegó, no tenían suficiente para acompañarle. La parábola nos dice que el esposo es Cristo y nos enseña que es importante centrar nuestros pensamientos en la actitud que debemos tener cuando llegue el Señor. Algún día, vendrá por nosotros y debemos esperarle vigilantes.

Los cristianos maduros sabemos que debemos caminar por esta vida con la prudencia que Cristo exige. Tenemos que prepararnos ya, día a día. Para esto nos ayudará la constancia en practicar las enseñanzas de Nuestro Señor. Nuestra meta, y nuestro deseo, debe ser ir mejorando tanto en nuestra conducta a través de la oración como en la lucha contra nuestros defectos y debilidades.

En la parábola el Señor nos dice que el esposo llegará en cualquier momento y que debemos estar preparados, como lo estaban las jóvenes prudentes que perseveraron. Cuando el esposo llegó a medianoche las encontró preparadas, con sus vidas ordenadas, con sus lámparas encendidas, y pudieron entrar con Él al banquete de bodas. Por el contrario, las descuidadas que no perseveraron trataron de cambiar sus vidas en el último momento, de encontrar aceite para sus lámparas, pero no hubo tiempo y no pudieron entrar. Esto nos enseña que debemos velar con constancia porque si nos mantenemos preparados, con nuestra caridad y nuestra paciencia, podremos esperar fielmente la llegada del esposo.

San Pablo, en la segunda lectura, les explica a los miembros de la comunidad de Tesalónica como será la resurrección. Los que ya han muerto se reunirán con los que aun no han muerto y ni unos ni otros tendrán ninguna ventaja sobre los otros. Muestra la llegada de Jesús como cercana y les exhorta a que se preparen con valentía. Todos sabemos que nuestro encuentro con Cristo llegará. Por eso es que San Pablo nos exhorta a ir por la vida con paciencia y esperanza. Nos dice también que no debemos preocuparnos de cómo y cuándo serán salvados los demás. Más bien debemos ocuparnos en vivir una vida de acuerdo con las enseñanzas de Cristo. Solo así podremos asegurar nuestra propia salvación.

La confianza en Dios comienza cuando comenzamos a confiar que nuestra manera de vivir la fe es completamente de acuerdo con los mandatos de Dios. La manera de esperar al esposo es trabajar para conseguir que el Señor sea el centro de nuestra vida. No sabemos cuándo será nuestro encuentro final con Él. Pero sí sabemos que en esta vida Él está con nosotros, y que a través de su Iglesia nos da la fuerza para prepararnos para ese momento final de nuestra vida, que un día llegará para todos nosotros.

¿Cuándo va a ser ese día? No lo sabemos. Y si vivimos de acuerdo con las enseñanzas del Señor no debe preocuparnos mucho. Lo que sí es importante es recordar que tenemos que ir preparándonos para ese momento. Y lo que sí sabemos es que si no dejamos que la lámpara de nuestra fe se apague podremos esperar con esperanza a Cristo y Él nos introducirá en su banquete celestial.

Thirty Second Sunday of Ordinary Time

Cycle A Book 3

Readings: (R1) 2 Maccabees 7:1-2, 9-14 (R2) 2 Thessalonians 2:16-3:5 (Gos) Luke20:27-38

In the parable of the Gospel of the Holy Mass, Saint Luke introduces us to a Jewish custom well known to the disciples of Jesus. The Lord uses it to teach them, and us too about the vigilance that each person should have over himself and his actions.

In this parable the Lord compares the Kingdom of Heaven to a wedding where young virgins have been chosen to be part of the wedding party. Although it seems like a minor role the one they were going to play was actually very important. In the Lord's time, there were no street lamps in the streets of the towns to illuminate the roads. Therefore, as night entered, when it got dark, nothing or almost nothing was seen unless a torch was carried. These ten young virgins, the bridesmaids of the bride, awaited the arrival of the husband at home. With their lamps they were prepared to illuminate the entrance of the house so that the husband could enter safely and quickly. In addition, they were prepared to participate in the wedding since they entered with the husband. But the husband was late in arriving and the time was lengthening. The young foolish girls used all the oil that their torches contained waiting for the bridegroom. When he finally arrived, they did not have enough to accompany him. The parable tells us that the husband is Christ and it teaches us that it is important to focus our thoughts on the attitude we should have when the Lord comes. Someday, he will come for us and we must await him vigilantly.

Christians who are mature in their faith know that we must walk through this life with the prudence that Christ demands. We have to prepare now, day by day. For this, perseverance in practicing the teachings of Our Lord will help us. Our goal, and our desire, should be to improve both in our conduct through prayer and in the fight against our defects and weaknesses.

In the parable the Lord tells us that the bridegroom will arrive at any moment and that we must be ready, as were the wise young women who persevered. When the husband arrived at midnight, he found them ready, with their lives ordered, with their lamps lit, and they were able to enter the wedding banquet with him. On the contrary, the careless ones who did not persevere tried to change their lives at the last moment, to find oil for their lamps, but there was no time and they could not enter. This teaches us that we must watch constantly because if we remain prepared, with our charity and our patience, we can faithfully await the arrival of the husband.

Saint Paul, in the Second Reading, explains to the Thessalonians what the resurrection will be like. Those who have already died will be reunited with those who have not yet died and neither will have any advantage over the others. He says the arrival of Jesus is close and exhorts them to bravely prepare. We all know that our encounter with Christ will come. That is why Saint Paul exhorts us to go through life with patience and hope. It also tells us that we should not worry about how and when others will be saved. Rather, we should be busy living a life according to the teachings of Christ. Only then can we ensure our own salvation.

Trust in God begins when we begin to trust that our way of living faith is completely in accordance with God's commands. The way to wait for the bridegroom is to work to make the Lord the center of our life. We do not know when our final encounter with Him will be. But we do know that in this life He is with us, and that through His Church he gives us the strength to prepare for that final moment of our life, that one day that will come for all of us. .When is that day going to be? We do not know. But if we live according to the teachings of the Lord we should not worry too much. What is important is to remember that we have to prepare for that moment. And what we do know is that if we do not let the lamp of our faith go out, we can wait with hope for Christ and He will introduce us into his heavenly banquet.

Trigésimo Tercer Domingo del Tiempo Ordinario

Ciclo A Tomo 3

Lecturas: (L1) Malaquías 3, 19-20a (L2) 2 Tesalonicenses 3, 7-12 (Ev) Lucas 21, 5-19

Lo que el evangelio de la Santa Misa nos enseña hoy es que nuestro caminar en esta vida es el tiempo que Nuestro Señor nos da para administrar los dones que nos ha dado.

En esta parábola de los talentos Jesús nos enseña que, como los siervos que recibieron los talentos de su maestro, nosotros también hemos recibido dones de Dios. Y nos pide que cada don que nos haya dado lo multipliquemos según nuestra propia capacidad. Un día el Señor nos pedirá cuentas del uso que hicimos de nuestra vida y de los talentos que nos ha dado. Si hemos sido fieles a Dios, y los hemos usado para el bien de nuestros hermanos, recibiremos una recompensa que nuestra mente no puede ni imaginar. Por el contrario, si hemos malgastado los talentos que el Señor nos ha dado, por miedo, por pereza, o por no querer compartirlos con otras personas, habremos malgastado nuestro tiempo aquí en la tierra y tendremos que escuchar a Nuestro Señor decirnos lo que el maestro dijo al empleado holgazán, "...a este hombre inútil, échenlo fuera, a las tinieblas. Allí será el llanto y la desesperación".

Es evidente que debemos meditar sobre esta frase no sea que de alguna manera hemos decepcionado a Nuestro Señor y merezcamos ser echados de su presencia. Preguntémonos ¿cómo estoy aprovechando yo los dones que el Señor me ha dado? Todos tenemos la obligación de trabajar para aumentar estos dones. Precisamente el Evangelio hoy nos invita a ser hábiles en el servicio a nuestro Señor, a no tener miedo de utilizar el talento o la inteligencia que el Señor nos ha dado. Tenemos que arriesgarnos, si es preciso, como el empleado que recibió cinco talentos y los multiplicó.

Esta parábola que nos narra el evangelio nos debe dar fuerza y sabiduría para descubrir cuáles son los talentos que hemos recibido generosamente de Dios. Nos debe hacer pensar que esta vida es corta y que el poco tiempo que tenemos no debemos malgastarlo. Porque cuando el Señor recompense a cada servidor fiel, cada uno va a ser recompensado según haya usado sus talentos.

En la Segunda Lectura, San Pablo nos recuerda la necesidad que tenemos de permanecer sobrios y despiertos esperando el día del Señor. Nos dice que ese día llegará inesperadamente, como un ladrón en la noche. Estamos en las últimas semanas del año litúrgico y la Iglesia nos recuerda que en estas fechas debemos considerar las verdades eternas que el Señor nos enseña y que debemos aprovechar el tiempo que tenemos en esta vida para hacer el bien y alabar a Dios. Estemos vigilantes, nos pide San Pablo, porque nuestra vida, un día, se apagará.

La Primera Lectura nos habla sobre la esposa hacendosa. El autor deja ver la imagen de la esposa fiel y perseverante. Dichoso el hombre que ha encontrado una compañera semejante que teme al Señor y tiene fe en Dios. Lleva su casa pensando en los demás, olvidándose de su propia persona. Su casa y el entorno los administran con justicia. Y todo lo que hace lo hace pensando en Dios y con temor a Él. El esposo que tiene una mujer así en su casa tiene un tesoro porque el amor de Dios alberga en esa casa que ella administra. La esposa fiel y hacendosa logra en el hogar paz y felicidad para los suyos y para ella misma. Y con sus quehaceres materiales consigue para los suyos, además de paz, el bienestar físico. Muchas veces los miembros de la misma familia no aciertan a valorar ni agradecer el conjunto de trabajos y atenciones que una buena esposa y madre pone cada día en las cosas de la casa y que nadie se las agradece. Un hogar limpio y próspero se hace a base de un trabajo arduo y de muchos sacrificios. Por eso los maridos han de celebra a sus esposas y tenerles gran amor y gratitud.

Las lecturas de hoy nos dicen claramente que si estamos preparados para el final de nuestras vidas no debemos temer la muerte. Si usamos bien, mientras vivimos, los talentos que Dios nos ha dado, como la esposa hacendosa, algún día escucharemos al Señor decir, "Puesto que has sido fiel en cosas de poco valor, te confiaré cosas de mucho valor. Entra a tomar parte en la alegría de tu señor".

Thirty Third Sunday of Ordinary Time

Cycle A Book 3

Readings: (R1) Malachi 3:19-20a (R2) 2 Thessalonians 3:7-12 (Gos) Luke 21:5-19

What the gospel of the Holy Mass teaches us today is that our journey through this life is the time that Our Lord gives us to administer the gifts He has given us.

In this parable of the talents, Jesus teaches us that, like the servants who received their master's talents, we too have received gifts from God. And he asks us to multiply each gift he has given us according to our own capacity. One day the Lord will ask us to account for the use we made of our lives and the talents that He has given us. If we have been faithful to God, and we have used them for the good of our brothers, we will receive a reward that our minds cannot even imagine. On the contrary, if we have wasted the talents that the Lord has given us, out of fear, laziness, or not wanting to share them with other people, we will have wasted our time here on earth and we will have to listen to Our Lord tell us what the master said to the lazy employee, "... throw this useless man out into the darkness. Where there will be weeping and despair."

Clearly we must meditate on this phrase lest we have somehow disappointed Our Lord and deserve to be cast out of His presence. Let us ask ourselves, how am I taking advantage of the gifts that the Lord has given me? We all have an obligation to work to increase these gifts. Precisely today the Gospel invites us to be skillful in serving our Lord, not to be afraid to use the talent or intelligence that the Lord has given us. We have to take risks, if necessary, like the employee who received five talents and multiplied them.

This parable that the gospel tells us should give us strength and wisdom to discover what talents we have generously received from God. It should make us think that this life is short and that the little time we have should not be wasted. Because when the Lord rewards each faithful servant, each one will be rewarded according to how they have used their talents.

In the Second Reading, Saint Paul reminds us of the need we have to stay sober and awake waiting for the Lord's day. It tells us that day will come unexpectedly, like a thief in the night. We are in the last weeks of the liturgical year and the Church reminds us that during these days we must consider the eternal truths that the Lord teaches us and that we must take advantage of the time we have in this life to do good and praise God. Let us be vigilant, Saint Paul exhorts us, because our life, one day, will be extinguished.

The First Reading tells us about the industrious wife. The author shows the image of the faithful and persevering wife. Blessed is the man who has found such a companion who fears the Lord and has faith in God. She administers her home thinking of others, forgetting her own person. Her house and its surroundings are administered fairly. And everything she does thinking of God and with fear of Him. The husband who has such a wife in his house has a treasure because the love of God resides in the house that she manages. The faithful and industrious wife achieves peace and happiness at home for her loved ones and for herself. And with her material chores she achieves for her own, in addition to peace, physical well-being. Many times the members of the same family fail to value or treasure the amount of work and attention that a good wife and mother puts every day in the things of the house and that nobody appreciates. A clean and prosperous home is made through hard work and many sacrifices. That is why husbands should celebrate their wives and have great love and gratitude for them.

Today's readings clearly tell us that if we are prepared for the end of our lives, we should not fear death. If we use well, while we live, the talents that God has given us, like the industrious wife, one day we will hear the Lord say, "Since you have been faithful in things of little value, I will entrust you with things of great value. Enter to take part in the joy of your lord".

Nuestro Señor Jesucristo, Rey del Universo

Ciclo A Tomo 3

Lecturas: (L1)2 Samuel 5, 1-3 (L2) Colosenses 1, 12-20 (Ev) Lucas 23, 35-43

En la Primera Lectura el Señor dice, "Yo mismo en persona buscaré a mis ovejas siguiendo su rastro.". De esta manera el profeta Ezequiel trata de ayudarnos a comprender mejor como será el reinado que Cristo vino a traernos. En realidad, se puede decir que la totalidad de las Sagradas Escrituras, tanto las del Antiguo Testamento como las del Nuevo Testamento, fueron escritas precisamente para comunicarnos una realidad: que Jesús es Rey y que Él vino a implantar su reino entre nosotros.

El autor de nuestra Primera Lectura, el profeta Ezequiel, se esforzó con verdadero ahínco para devolver la esperanza a los miembros del pueblo judío que habían sido deportados a Babilonia. Condenaba a los malos pastores, los reyes de Judea, que por su comportamiento habían sido la causa del exilio del pueblo judío. El profeta les dice a los desterrados que Dios ha prometido reunir a su rebaño cogiendo a cada oveja dispersa, cuidando personalmente de ellas. Y cumplió con su promesa al engendrar entre ellos el nuevo David, el Rey de Reyes, Cristo Jesús. Cristo, a la vez de ser Rey, es también el Buen Pastor que pastará su rebaño en la justicia y en el amor.

El evangelio nos recuerda que lo importante, para nosotros es que entendamos bien la realeza de Jesús. El prefacio de la Misa que el sacerdote rezará justamente antes del "Santo, Santo, Santo," nos dice que el *"reino eterno y universal"* de Jesucristo es *"el reino de la verdad y la vida, el reino de la santidad y la gracia, el reino de la justicia, el amor y la paz"* (*del Prefacio de la Solemnidad de Jesucristo Rey del Universo.*) Para entender lo que es el Reinado de Cristo debemos recordar que es un reinado de justicia y de verdad. No hagamos la equivocación de confundir el título de Cristo Rey con la idea que tenemos de los reyes aquí en la tierra. Para muchos, un rey es un hombre poderoso que vive rodeado de sirvientes y que atemoriza a la gente haciendo que todo el mundo se postra ante él. Jesús es precisamente lo opuesto a esta clase de reyes. Jesús vino a mezclarse con su pueblo, a hablarnos de un reino que no es de este mundo, a traernos su reino de justicia, amor y paz. Fijémonos bien en lo que nos ha dicho el evangelio de hoy. Nos dice que Cristo, como pastor, cuando venga en toda su gloria juzgará a cada uno de nosotros. Separará a unos de los otros, como hace un pastor que separa las ovejas de los machos cabríos. Y pondrá a las ovejas, las personas que han seguido las enseñanzas de Cristo y los mandamientos de Dios, a su derecha. Y a los machos cabríos, las personas que mostraron con sus vidas que rehusaban a Dios, los pondrá a su izquierda. Y entonces el Rey de Reyes dirá a los de la derecha, "Vengan ustedes, benditos de mi Padre; hereden el Reino preparado para ustedes desde la creación del mundo". A los de su izquierda dirá, "Apártense de mí, malditos; vayan al fuego eterno preparado para el diablo y sus ángeles". Si de verdad meditamos sobre el evangelio de hoy ¿será posible que no hagamos algo para enderezar nuestras vidas, si estas lo requieren?

San Pablo nos dice que Cristo es el Nuevo Adán que con su muerte y su resurrección nos ha liberado para que sigamos un sendero justo. San Pablo nos exhorta a que aprendamos a vivir en armonía. Si queremos implantar en nuestra vida, y en nuestro entorno, el Reino de Cristo, tenemos que trabajar para vencer injusticias, violencia y odio. Todos vamos a ser juzgados por nuestro comportamiento aquí en la tierra. Y no habrá sitio en el cielo para los que no quieren someterse a Dios. Porque, como dice San Pablo a los Corintios, "Al final, cuando todo se le haya sometido, Cristo mismo se someterá al Padre, y así Dios será todo en todas las cosas".

Y en ese día el Buen Pastor de las ovejas, Cristo Rey, en virtud de su Sangre Preciosa, la Sangre de la alianza eterna, reunirá en el reino de su Padre a todos los que se hayan sometido a su realeza y se salvaran. Pero los que se han reusado someterse, ya estarán condenados.

¡Viva Cristo Rey!

!

Our Lord Jesus Christ, King of the Universe

Cycle A Book 3

Readings: (R1) 2 Samuel 5:1-3 (R2) Colossians 1:12-20 (Gos) Luke 23:35-43

In the First Reading the Lord says, "I myself in person will search for my sheep following their trail." In this way the prophet Ezekiel tries to help us understand better what the kingdom that Christ came to bring us will be like. In fact, it can be said that the entirety of the Holy Scriptures, both the Old Testament and the New Testament, were written precisely to communicate a reality to us: that Jesus is King and that He came to implant his kingdom among us.

The author of our First Reading, the prophet Ezekiel, worked really hard to restore hope to members of the Jewish people who had been deported to Babylon. He condemned the bad shepherds, the kings of Judea, who by their behavior had been the cause of the exile of the Jewish people. The prophet tells the exiles that God has promised to gather his flock by taking up each scattered sheep, personally taking care of them. And he fulfilled his promise by begetting among them the new David, the King of Kings, Christ Jesus. Christ, while being King, is also the Good Shepherd who will graze his flock in justice and in love.

The gospel reminds us that the important thing for us is that we understand well the royalty of Jesus. The preface to the Mass that the priest will pray just before the "Holy, Holy, Holy," tells us that the *"eternal and universal kingdom"* of Jesus Christ is *"the kingdom of truth and life, the kingdom of holiness and grace, the kingdom of justice, love and peace "(from the Preface of the Solemnity of Jesus Christ King of the Universe)* To understand what the Kingdom of Christ is, we must remember that it is a kingdom of justice and truth. Let's not make the mistake of confusing the title of Christ the King with the idea we have of kings here on earth. For many, a king is a powerful man who lives surrounded by servants and who frightens people by making the whole world prostrate before him. Jesus is the exact opposite of this class of kings. Jesus came to be among his people, to tell us about a kingdom that is not of this world, to bring us his kingdom of justice, love and peace. Let's take a good look at what today's Gospel has told us. It tells us that Christ, as shepherd, when he comes in all his glory, will judge each of us. He will separate one from the other, as a shepherd does who separates sheep from goats. And he will put the sheep, the people who have followed the teachings of Christ and the commandments of God, on his right. And the goats, the people who showed with their lives that they refused God; he will put on his left. And then the King of Kings will say to those on the right, "Come, you blessed of my Father; inherit the Kingdom prepared for you since the creation of the world." To those on his left he will say, "Get away from me, you cursed; go to the eternal fire prepared for the devil and his angels". If we really meditate on today's gospel, is it possible that we are not doing something to straighten our life, if it is required?

Saint Paul tells us that Christ is the New Adam who with his death and resurrection has freed us to follow a just path. Saint Paul exhorts us to learn to live in harmony. If we want to implant in our life, and in our environment, the Kingdom of Christ, we have to work to overcome injustices, violence and hatred. We are all going to be judged on our behavior here on earth. And there will be no room in heaven for those who do not want to submit to God. Because, as Saint Paul says to the Corinthians, "In the end, when everything has been submitted to him, Christ himself will submit to the Father, and thus God will be all in all things."

And on that day the Good Shepherd of the sheep, Christ the King, by virtue of his Precious Blood, the Blood of the eternal covenant, will gather into his Father's kingdom all those who have submitted to his royalty and will be saved. But those who have refused to submit will already be doomed.

Long Live Christ the King!

www.ingramcontent.com/pod-product-compliance
Lightning Source LLC
Chambersburg PA
CBHW081154090426
42736CB00017B/3311